Ulrich Magin

MAGISCHE MOSEL

Mystische Orte und unheimliche Ereignisse

Ulrich Magin

MAGISCHE MOSEL

Mystische Orte und unheimliche Ereignisse

REGIONALIA
VERLAG

1. Auflage 2019
Ulrich Magin: *Magische Mosel. Mystische Orte und unheimliche Ereignisse*
Regionalia Verlag, ein Imprint der Kraterleuchten GmbH, Lindenstraße 14, 54550 Daun
Alle Rechte vorbehalten

Lektorat, Korrektorat, Layout und Satz: Handverlesen – Alexandra Ihmig, Königswinter

Einbandgestaltung: Björn Pollmeyer

Titelbild: © iStock / criticalxd
Titelgrafik und Symbol: © iStock / VeraPetruk

Gedruckt in der Europäischen Union, Finidr, CZ

ISBN 978-3-95540-289-1

www.regionalia-verlag.de

Inhalt

*Für meine Eltern Alfons und Magda Magin, die Quelle,
und Susanne, die mit mir schwimmt*

Der magische Fluss – Blick von der Ruine der Grevenburg über das Moseltal bei Traben-Trarbach.

 # Einleitung

Magische Mosel? Kann dieser Fluss, der gemächlich und träge an Weinbergen entlangfließt, der gesäumt wird von gemütlichen und fein herausgeputzten Fachwerkdörfern, der schließlich am protzigen Deutschen Eck in Vater Rhein mündet, überhaupt mysteriös sein?

Andererseits: Kaum eine Region in Deutschland weist eine solche Fülle an geheimnisumwitterten Ruinen aus der Stein- und Bronzezeit, aus der Epoche der Kelten und Römer oder aus dem Mittelalter auf. Hier finden sich Hünengräber, Hinkelsteine, seltsame römische Monumente und sogar das einzige Henge in Deutschland. Auf Schritt und Tritt raunt die Umgebung der Mosel von geheimnisvollen vergangenen Zeiten.

Und nach wie vor verstehen sich die Anrainer auf architektonische Skurrilitäten. Man denke nur an das Schloss Gondorf, die Stammburg der Familie von der Leyen (siehe BT XIV). 1971 stand es der Bundesstraße 416 im Wege, also ... baute man einfach einen Straßentunnel durch das untere Geschoss der Burganlage aus dem 12. Jahrhundert. Seitdem kann der Autofahrer bequem quer durch Schloss Gondorf fahren, ohne sein Tempo drosseln zu müssen (Überholen ist im Schloss allerdings nicht erlaubt).

Dass einst die Hauptstadt des Römischen Reichs an den Ufern der Mosel lag, von Trier aus das mächtige Imperium beherrscht wurde, trug zur Mythenbildung bei. Nicht nur finden wir in der *Mosella* des Ausonius den ersten Reiseführer zur Destination Deutschland überhaupt, er erwähnt dort auch schon Flussungeheuer, Nixen und Satyrn. Und selbst die Vorstellung gab es, dass Trier die älteste Stadt der Welt sei, älter noch als Rom und Babylon.

»Nach einer mittelalterlichen Sage«, erzählt Jakob Schneider 1868 in seinem *Panorama von Trier und dessen Umgebungen*, »deren Entstehung mit ziemlicher Wahrscheinlichkeit in das Ende des 9. oder den Anfang des 10. Jahrhunderts verlegt wird, ist die Stadt Trier von dem Stiefsohne der verwitweten assyrischen Königin Semiramis, Trebeta genannt, gegründet worden und zwar zur Zeit des Erzvaters Abraham, wie die Chroniken ausdrücklich versichern.«

Der Stolz der Anrainer auf das Alter von Trier und der Mosel kommt nicht von ungefähr. Zwar stammen die ersten Erwähnungen des Flusses von römischen Autoren (etwa Tacitus in seinen *Annalen* und seinen *Historien*) und beziehen sich auf militärische Vorfälle, der Flussname selbst ist aber uralt, wohl keltisch, und meint »die kleine Maas«. Und wie viele bedeutende und epochemachende Persönlichkeiten stammen aus dem Moselland! Nikolaus von Kues etwa, der berühmte Theologe und Philosoph, der den Begriff der Unendlichkeit entwickelte und nach einer Auseinandersetzung mit dem Islam (er schrieb drei Bücher über den *Koran*) zu dem Schluss kam, dieser könne ebenso sehr Wahrheit für sich beanspruchen wie das Christentum. Oder Karl Marx, der Träumer aus Trier. Und vergessenen wir nicht Alf an der Mosel, den Ort, der so heißt wie der beliebteste Außerirdische der Welt.

Es gibt also selbst ohne fliegende Unterassen, Nixen und Yetis – um die es hier hauptsächlich gehen wird – genug Seltsames an der Mosel, auch wird schon seit 2 000 Jahren darüber geschrieben. Und viele dieser Legenden sind zählebig: So werden noch heute im Hunsrück Werwölfe angetroffen, die anderswo in Deutschland längst ausgestorben sind, und so findet man auch unserer Tage an der Mosel noch Zwerge und (zumindest in Brunnenform) Drachen.

Uns kommt sie wie ein deutscher Strom vor, und doch fließt sie zu mehr als der Hälfte ihrer Gesamtlänge durch französisches Terrain und nur rund 230 ihrer insgesamt 544 Kilometer durch Deutschland. In diesem Buch, das sich naturgemäß auf Deutschland konzentriert, finden sich deshalb immer wieder auch Augenzeugenberichte und unheimliche Vorfälle aus Luxemburg und Frankreich.

Zum Schluss geht noch ein herzlicher Dank an Natale Guido Cincinnati für Informationen, an Regina Magin für Scans, an Ha-We Peiniger für das UFO-Foto und Informationen sowie an meinen Verleger Bruno Hof und meine Lektorin Alexandra Ihmig.

Nessie in der Mosel
und Affenmenschen an der Saar

Das Ungeheuer vom Loch Ness und der Schneemensch im Himalaya gehören zu den populärsten »Ungeheuern«, die jedes Jahr wieder unsere Zeitungsspalten füllen. Vielleicht weiß der ein oder andere noch, dass es auch in den Vereinigten Staaten einen *Bigfoot* genannten Affenmenschen geben soll und dass es außer dem schottischen See Ness noch weitere Monsterseen gibt. Aber Yetis an den Waldhängen der Mosel und seltsame Wasserungeheuer in ihren Tiefen – gibt es das wirklich auch oder, anders gesagt: Hat jemand je einmal solche Ungeheuer gesehen?

Robben und Krokodile in der Mosel

Betrachten wir zuerst Robben und Krokodile in der Mosel. In der Umgebung von Koblenz wurden mehrere steinzeitliche Ritzzeichnungen von Seehunden entdeckt. Allerdings ist fraglich, ob die Jäger der Steinzeit bis in die Nordsee paddelten oder ob sich Seehunde bis zur Moselmündung vorwagten. Unter den Jagdbeuteresten der Steinzeitmenschen von Koblenz, so der Archäologe Gerhard Bosinski, »ist der Seehund nicht belegt«.

Überreste finden sich erst in späterer Zeit, so beispielsweise in einem römischen Frauengrab aus St. Adelgund an der unteren Mosel, südlich von Cochem, das aus dem 4. Jahrhundert stammt. Die Bestattete war Christin, wie ein Monogramm auf dem Sargdeckel belegt; das Grab enthielt das immer noch 32,5 Zentimeter lange Ende eines Walrosszahns, das Archäologen für ein Amulett halten. Vermutlich wurde es aus dem Norden

importiert – aus England, Südskandinavien oder von der deutsch-holländischen Nord-
seeküste – und galt aufgrund seiner Exotik als besonders wertvoll.

Zum Reichstag zu Trier 1512 ließ Kaiser Maximilian I. einen Seehund in die Moselme-
tropole bringen, in einen Weiher in der Olewig aussetzen und dann Hatz auf ihn machen.
Dieser Teich, der Draufborn oder das heutige Herrenbrünnchen, war entstanden, weil der
Bach durch die damals längst verfallene römische Stadtmauer aufgestaut wurde. Peter
Maier schreibt 1512 in seiner Reichstagschronik: »Den Tag [24. April 1512] hat der Kaiser
einen Seehund in den Weiher bei dem Daufborn hetzen lassen, der die Honde genommen, under Wasser gezogen. Deshalben man den Weiher ußlassen müssen, sonst wäre er
nit erlegt worden.«

Tierschutz geht anders.

Mit diesen Importen geht die kurze Saga der Mosel-Seehunde auch schon zu Ende.
Bei Krokodilen sieht es noch düsterer aus. Im Rhein tauchen zwar hin und wieder Krokodile auf, in die Mosel hat es aber offenbar noch keines geschafft. Das war zur Urzeit
anders, denn in den Tongruben von Kärlich haben Forscher die Fossilien von Krokodilen
gefunden – die allerdings Millionen von Jahren alt sind.

Beträchtlich jünger – wenn auch heute verschollen – war das Krokodil von Trier. Es
wurde im Februar 1956 von Walter Mayer, Hans Mock, Milo Edinger und Hans Kohr vor
Reportern als Zeugen am eisigen Moseluffer bei Trier durch einen Pfeilschuss »erlegt«.
Mayer war der Präsident der Karnevalsgesellschaft Heuschreck, Mock Karnevalsprinz
der Vorsession, Kohr amtierender Prinz »Hans der Eiskalte«, und alle trugen trotz der
Kälte Tropenuniformen. Des Rätsels Lösung: Das Krokodil war ausgestopft, und die vier
Narren hatten es aus der Kneipe »Krokodil« am Nikolaus-Koch-Platz entliehen, deren
Maskottchen es war. Nach ihrem spektakulären Schaukampf, der Schlagzeilen im *Trieri-
schen Volksfreund* und in der *Trierischen Landeszeitung* machte, brachten die Gladiatoren
das Schuppentier zurück in die Kneipe. Dort hing es noch bis 1972, als der neue Wirt Toni
Stoelben das »Monstrum« abhängte. Seither ist es verschollen. 2014 schloss auch die
Kneipe »Krokodil«.

Kaum anders verhielt es sich mit dem Krokodil, das Roger Diederen, der Pächter des
Campingplatzes in Kyllburg, im März 2016 dreimal mit weit aufgerissenem Maul am Kyll-
ufer fotografierte. Bei dem Star der Bilder, die auf der Facebookseite des Platzes veröffentlicht wurden, handelte es sich um … ein ausgestopftes Exemplar! »Das ausgestopfte

Krokodil stand schon hier im Lokal des Campingplatzes, als wir den Betrieb 2008 übernommen haben«, erklärte Diederen der Zeitung *Volksfreund*.

Moseldrachen

Es überrascht schon, wenn man am Oberlauf der Mosel auf eine Skulptur des Alpendrachens Tatzelwurm stößt. Aber da steht er auf dem Marktplatz von Kobern-Gondorf, keine hundert Schritte von der Mosel entfernt (siehe BT XV).

Der Name ist wohl modern, das Untier, das halb Löwe, halb Lindwurm gewesen sein soll, hat aber angeblich in einem der Stollen an den steilen Hängen gehaust, bis der Kreuzritter Heinrich II. von Isenburg-Kobern es erschlug. Dem Kreuzritter, der um 1221 aus dem Heiligen Land zurückkehrte, wird auch die Überführung des Schädels des Apostels Matthias zugeschrieben, den er in Unterägypten mitnahm und für den er oberhalb von Kobern die Matthiaskapelle erbauen ließ.

Ein erster Tatzelwurmbrunnen wurde 1934 aufgestellt. Der Tatzelwurm sah da noch aus wie ein Fisch mit Löwenkopf und einer Lanze in der Seite. Das erinnerte an mittelalterliche Vorbilder von Säulenkapitellen aus der Matthiaskapelle. Im nahen Höhr-Grenzhausen gebrannt, war das Monster mit Zapfhähnen für Wein und Wasser versehen. Den Ur-Tatzelwurm zerstörten deutsche Wehrmachtsangehörige Ende 1944 nach einer Zecherei.

Der heutige Tatzelwurm, ein viel typischerer Drache, wurde 1961 errichtet, die Anlage seither mehrmals umgebaut.

Vom Ort führt ein knapp acht Kilometer langer kulturhistorischer Tatzelwurmweg zu den Schauplätzen der Sage und sogar zu einer Tatzelwurmhöhle. Überlieferungen dieser Sage vor dem 20. Jahrhundert vermochte ich allerdings nicht aufzuspüren, und der ortsfremde Name »Tatzelwurm«, den es eigentlich nur in Bayern gibt, lässt ebenfalls aufhorchen. Die Gemeinde hat zwar den Drachen im Logo, präsentiert sich allerdings durchaus mit einem Augenzwinkern als Drachenstadt!

Dennoch sind Drachen an der Mosel von alters her bekannt. Den Belchensee, am elsässischen Grand Ballon kaum zehn Kilometer südlich der Moselquelle gelegen, bewohnen zahllose seltsame Fische, darunter eine Riesenforelle, der ein Tannenbäumchen aus dem Rücken wächst. Chroniken melden, dem See seien im Jahre 1128 Hühner mit vier Füßen und 1304 ein furchtbarer Drache entstiegen, der nur mit sehr viel Mühe erschlagen werden konnte! Im Elsass jedoch scheint die Mosel ansonsten noch monsterfrei.

An der Fassade der gotischen Kathedrale von Metz erscheinen dann ein feuerspeiender, geflügelter Drache und ein die Fluten durchpflügender Delfin. Das vielleicht berühmteste dieser Echsenungeheuer von Metz ist der Drache Graoully, der vom Bischof St. Clemens (gestorben gegen Ende des 3. Jahrhunderts) getötet worden sein soll.

Das mittelalterliche Bild zeigt den Heiligen Clemens,
der den Graoully in den Fluss Seille führt.

Der Umzug mit dem Graoully durch Metz –
kolorierter Stich von 1872 von Horace Castelli.

Major Westphal schreibt 1875 in seiner *Geschichte der Stadt Metz:*

Das Andenken an St. Clemens hat sich bis auf den heutigen Tag in vielen Sagen und Erzählungen im Metzer Volke erhalten. Die bekannteste Sage, welche den Sieg des Chris-
tenthums in Metz über das Heidenthum versinnbildlicht, ist die von St. Clemens bewirkte
Austreibung der in den Ruinen des Amphitheaters hausenden, vom heidnischen Volk ab-
göttisch verehrten und gepflegten Drachen, in der Sage »Schlangen« genannt. St. Cle-
ment soll sich in diese vom Volk vergötterte und gefürchtete Schlangenbehausung bege-
ben und durch die Macht des Gebetes die Ungeheuer gezwungen haben, ihre Wohnstätte
zu verlassen, sich in die Seille [Zufluss der Mosel] zu stürzen und in fernen Gegenden eine
neue Zufluchtsstätte zu suchen. Das über dieses Wunder erstaunte Volk soll hierauf in

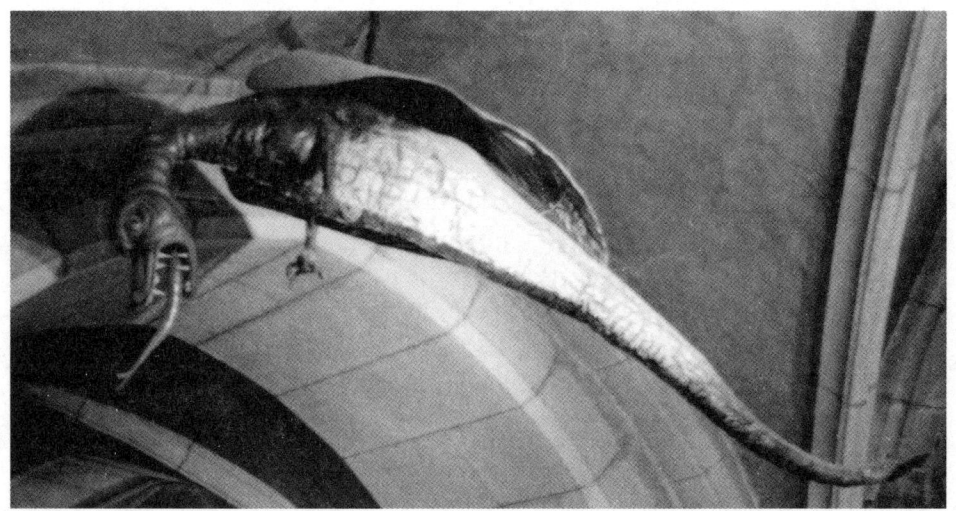

Oben: Ein Modell des Graoully in der Kathedrale von Metz zeigt einen Wurm mit Flügeln und roter Zunge.

Links: Hier das Modell des Metzer Drachens Graoully, das in der Haut-Kœnigsbourg im Elsass verwahrt wird.

großen Massen der Abgötterei entsagt und sich zum Christenthum bekehrt haben. Zur Erinnerung an dieses Ereigniß ward noch bis in die neuere Zeit hinein bei bestimmten Prozessionen in Metz die Figur eines großen, häßlichen Drachen vorangetragen, und gewisse Gewerke in Metz hatten die Verpflichtung, demselben durch seinen weit geöffneten Rachen Eßwaaren in den hohlen Leib zu schieben. Dieser Drache hieß und heißt noch heute im Volksmunde »Graoully«, ein Name, welcher allgemein vom deutschen Worte »gräulich« abgeleitet wird.

Der französische Dichter François Rabelais verbrachte die Jahre 1542 bis 1547 in einem Haus an der Ecke der Rue d'Enfer und Rue Jurue. Schon damals gab es das Fest des »gräulichen« Drachens: »Seine Augen sind größer als sein Bauch, sein Kopf größer als sein

Körper mit einem riesigen breiten Maul und spitzen Zähnen.« Kinder peitschten das Untier aus, wenn es vorbeigetragen wurde. Ende des 19. Jahrhunderts starb diese Tradition der Drachenumzüge aus (sie waren früher in Europa weit verbreitet gewesen). Das jüngste der benutzten Drachenmodelle ist heute noch in der Krypta der Kathedrale von Metz und in Kopie auf der Hochkönigsburg im Elsass erhalten, aber das Andenken an den Graoully erhielt sich in vielerlei Formen, etwa auf dem Wappen des Fußballclubs der Stadt oder in Straßennamen in Metz.

Eine gute Geschichte kann man gern auch von einem anderen Ort erzählen. Das ist insbesondere bei typischen Sagenmotiven der Fall. Denn auch im Trierer Amphitheater (siehe BT III) soll ein Drache gehaust haben, wie Theodor von Haupt in seinem *Panorama von Trier und seinen Umgebungen* 1861 noch weiß:

> Auf jeder Seite der beiden Haupteingänge befand sich ein Eingang für das Volk, durch den man auf die Zuschauerplätze gelangte; ein fünfter an der Nordostseite, dem wahrscheinlich noch ein sechster daneben entsprach, ist noch fast vollständig überwölbt erhalten: es ist der eigentliche sogenannte »Kaskeller«, der seinen Namen von einem gewissen Catholdus, dem fabelhaften Erbauer des Amphitheaters, erhalten haben soll; dieser hatte sich nämlich mit seinem Sklaven, der es übernommen hatte, die Wasserleitung aus der Ruwer hieher zu führen, in einen Wettstreit eingelassen, wer von beiden sein Werk zuerst vollendet haben würde; durch Verrath seines ungetreuen Weibes aber unterliegend, hatte er nach Vergrabung seiner Schätze im Kaskeller sich mit der Ungetreuen von den Zinnen des Gebäudes herabgestürzt. Diese Schätze hütet nun ein ungeheurer Drache, der durch die an einem tiefen Wasserbehälter in der Arena zur Neumondszeit sitzende Frau Catholda erlöst werden sollte, wenn nämlich ein verwegenes Menschenkind das Herz fassen würde, sie hinabzustürzen. Schade, daß es, seitdem man jenen Behälter verschüttet und geebnet hat, um jene Erlösung geschehen ist.

Ortsnamen künden zudem von Drachen – was auf Deutsch ja »Wurm« oder »Lindwurm« heißt (*lint* bedeutet »Schlange«). Das Luxemburger Wormeldingen am linken Ufer der Mosel (luxemburgisch: Wormer oder Wuermeldeng, französisch: Wormeldange) trägt einen Drachennamen, und in Koblenz gab es im Mittelalter ein Haus, das »der

Unterirdische Räume unter dem Trierer Amphitheater – hauste hier ein Drache?

cleyne Drachen« genannt wurde und direkt neben dem Haus »zum großen Drachen« stand. Eine Fensterscheibe vom Ende des 15. Jahrhunderts im ehemaligen Franziskanerkloster der Stadt Koblenz zeigte den hl. Georg mit dem Drachen. Ein Flachrelief auf dem ehemaligen Türsturz der Kirche zu Hausen im Kreis Bernkastel aus der ersten Hälfte des 12. Jahrhunderts bildet entweder den großen (Wal-)Fisch ab, der den Jonas verschlingt, oder stellt den Rachen des Drachens dar, durch den am Jüngsten Gericht die Sünder in die Hölle einziehen, denn das Fragment zeigt einen Mann im Maul des Monsters.

Schließlich aber gibt es mehr als fromme Legenden und alte Bilder – sogar eine echte Sichtung eines Drachens wurde gemeldet und zwar in der Nähe der Luxemburger Drachenstadt Wormeldingen.

»Vor etwa fünfzehn Jahren soll jemand eine feurige Schlange über das Schloß zu Esch an der Alzet fliegen gesehen haben«, berichtet Nikolaus Gredt 1883 kurz und knapp im *Sagenschatz des Luxemburger Landes.* Das ist Esch an der Alzette, und die Beobachtung wird sich wohl um 1868 ereignet haben.

Drachen en miniature

Neben großen schuppigen Wasserungetümen finden wir an der Mosel auch Meldungen über ganz kleine, aber ungeheure Unken und Echsen. Was jeweils dahintersteckte, ist schwer zu sagen – die Überzeugung, dass aus Hahneneiern Basilisken, kleine gekrönte Eidechsen mit tödlichem Blick, schlüpfen, und dass im Element Feuer ein sogenannter Elementargeist, der Salamander, haust, war im Mittelalter und in der Renaissance unter Gelehrten allgemein verbreitet. Von beidem berichtet, unter Berufung auf ältere Quellen, Johann Georg Theodor Grässe 1868 in seinem *Sagenbuch des preussischen Staats.*

Der Basilisk hockte, dem Autor zufolge, in einem Befestigungsturm am alten Neutor in Trier.

In demselben ist jetzt noch zu ebener Erde rechts ein dunkler Raum, dort soll sich früher ein Ungeheuer aufgehalten haben, halb Hahn, halb Drache. Aus seinem Schnabel kam Feuer heraus, sein Schwanz glich einem Drachenschweife, auf seiner schwarzen Federbrust wallte ein Ziegenbart mit Giftschaum benetzt, an jeder seiner Fersen war ein scharfer Sporn und an seinen Zehen drohten starke Klauen. Im Magen hatte das Thier ein Goldei. Es war unverwundbar gegen Feuer, Schwert und Pfeile, nur wenn es sein Bild im Spiegel sah, mußte es sterben. Allein schwer scheint es gewesen zu sein, letzteren dem Thiere vorzuhalten, Keiner wenigstens, der sich in den Thurm mit einem solchen wagte,

*Ein Basilisk nach Ulisse Aldrovandi (1522–1605). Es handelt sich um die Kopie
eines Bildes von Sebastian Münster aus dessen* Cosmographia, *1598.*

ist wieder zurückgekehrt. Sein Bild in Relief ausgehauen befand sich bis zum Jahre 1817
noch an einem der Thürme des Thores, jetzt wird es in Trier noch in dem Saal der Gesellschaft für nützliche Forschungen vorgezeigt.

Der Salamander brachte kein Unglück, sondern Heilung. Am Heidenbrünnchen, gegenüber der Mündung der Saar, stand das …

… Balduinhäuschen, welches sich der Bischof Balduin (1307–1354) gebaut haben soll. Derselbe pflegte dort die Sommermonate hinzubringen, allein einst überfiel ihn eine schwere
Krankheit, man sagt[,] es sei der Aussatz gewesen, von der er umsonst Heilung bei den Ae-
rzten suchte. Da rieth ihm ein Schäfer, Wasser aus diesem Born zu trinken. Dies that er
auch, er ließ sich in seinem gewöhnlichen Weinkruge Wasser aus demselben holen und
nach kurzer Zeit konnte er selbst dahin gehen und sich selbst den Labetrunk schöpfen. Als
er aber eines Tages in den Krug hineinsah, sah er unten auf dem Boden desselben einen dicken Wassermolch sitzen, das Thier war zufällig hineingekommen und darin geblieben,
hatte aber auch alles Gift der Krankheit, welches in dem Trinkenden gewesen, in sich gezogen.

Der »Wal der Mosel«

Schon die Römer kannten »den Wal der Mosel«. Besonders eindringlich beschreibt ihn der Dichter Ausonius im 4. Jahrhundert nach Christus in seinem Lehrgedicht »Mosella«, die Mosel:

Nun wirst, mächtiger Wels, Meerthier, auch du mir gepriesen,
Der, als wäre der Rücken mit Attischem Oel dir gesalbet,
Du ein Flussdelphin mir bedünkst, so gewaltig den Strom durch
Ziehest du, schwerfortschleppend die Massen des wuchtigen Körpers,
Bald von niedrigen Fuhrten gehemmt, bald wieder von Flussschilf;
Aber sobald in der Tiefe des Stroms du mächtig dahin wogst,
Dich anstaunen dann grüne Gestad', und bläuliche Schaaren
Schwimmender, dich die lautere Flut; es tritt aus dem Bette
Brandung, und über den Saum hin rollen die äußersten Wellen.
Also, wenn aus dem tiefen Atlantischen Meere den Wallfisch
An des Festlands Küste der Wind und eigne Bewegung
Antreibt, wälzt er verdrängend die Meerflut, thürmend erheben
Wogen sich, und das Gebirg in der Näh', es fürchtet zu schwinden.
Dieser jedoch, so friedlich, der Wallfisch unsrer Mosella,
Ist vom Verderben entfernt, und Zier dem herrlichen Fluße.

Noch ein weiterer Hinweis auf Monströses in der Mosel, sie sei nämlich »doppeltgehörnt«, bietet Ausonius, das aber wohl, weil man sich bei den Römern Flussgötter generell mit Stierhörnern vorstellte.

In der deutschen Übersetzung spricht Ausonius vom Wels, im Lateinischen steht das Wort *balena,* »Wal«. Aus dem Zusammenhang wird aber ersichtlich, dass der römische Dichter keinen großen Meereswal im Sinn hat – deshalb gehen viele der Interpreten des Werks davon aus, dass er vom Wels reden wollte, dessen deutscher Name »Waller« ja vom lateinischen Wort für »Wal« abgeleitet ist.

Andererseits ist der Wels kein Fisch, der majestätisch den Rücken über die Wogen hebt, und deshalb ist eine andere Schule von Zoologen ganz bestimmt der Ansicht, es könne sich nur um den Stör gehandelt haben, jenen urtümlichen Fisch, der aussieht wie ein weißes Krokodil. In M. Schäfers *Moselfauna oder Handbuch der Zoologie* ist diese Ansicht 1844 vertreten:

> Ausonius, der ihn besingt, nennt ihn den Delphin des Flusses, und vergleicht die Bewegung des Wassers, welche er veranlaßt, mit den Wellen, welche ein Walfisch hervorbringt, wenn ihn der sturmerregte atlantische Ocean an die Küste wirft. [Der Stör] ist übrigens, ungeachtet seiner Größe, ein harmloser Fisch, der nur kleinere Fische verschlingen kann.

Riesenfische

Schäfer nennt mehrere Beispiele für das Vorkommen des Störs in der Mosel. Mindestens siebenmal seien diese Fische zwischen 1776 und 1843 in der Mosel zwischen Trier und Metz gefischt worden. »Ein Individuum, welches im Jahre 1834 in der Nähe von Trier gefangen worden war, wurde mehrere Tage in der Stadt lebend gezeigt. Der Rücken war mit vielem Schleim überzogen.«

Aber auch die Vertreter der Wels-Theorie können mit gewaltigen Fängen aufwarten. Im September 2014 angelte Arno Schmidt bei Wellen in der Obermosel einen 2,10 Meter langen Waller.

Am 2. Juli 2015 gegen 18.20 Uhr meldete eine Frau der luxemburgischen Polizei, sie habe auf der Höhe des Grevenmacher Schwimmbads eine Leiche flussabwärts treiben sehen. Die Beamten rückten, von Feuerwehr und Polizeihelikopter unterstützt, aus und konnten die »Leiche« knapp eine dreiviertel Stunde später beim Tanklager in Mertert bergen. Es handelte sich um einen Wels von fast zwei Metern Länge, den offenbar eine Schiffsschraube getötet hatte.

Die 15-jährige Auszubildende Sophie zog im August 2015 beim luxemburgischen Remich einen 2,15 m langen und über 65 kg schweren Wels aus der Mosel. Sie setzte ihn aber ins Wasser zurück, nachdem sie ihn für *L'Essentiel* dokumentiert und fotografiert hatte. »Wir wollen ja nächstes Jahr die 2,20 m knacken.«

Der am 3. Februar 1598 bei Katwijk gestrandete Pottwal nach einem Stich von Jacob Matham –
die Quelle der Walreste von der Mosel?

Wale in der Mosel

»Auf dem Markte steht das Rathhaus«, schreibt ein alter Reiseführer, der *Antiquarius der*
Neckar-Main-Mosel- und Lahnströme 1781 über Trarbach, »an welchem vornen an dem
Erker eine grosse Wallfischrippe zu sehen, die in dem Jahre 1624 mit zween Ketten allda
aufgehänget worden.«

Die Rippe ist heute verschwunden, wie der Volkskundler Natale Cincinnati feststellte – der Stadtbrand vom 21. Juli 1857 hat sie vernichtet. Walreste wurden in der frühen Neu-
zeit in vielen Rat- und Zeughäusern ausgestellt, unter anderem auch in Hanau, Dillenburg
und Dietz. In letzteren beiden Ortschaften stammten sie von einem am 3. Februar 1598 bei

26

Katwijk in Holland verendeten Pottwal, der in ganz Europa berühmt wurde, weil zahllose Flugschriften von seiner Strandung berichteten. Solche »exotischen« Reste dokumentierten internationale Handelsbeziehungen und sollten wohl auch die Schaulust der Leute befriedigen. Wie Ernst Schütz 1909 in *Trarbach in alter Zeit* anführt, war ein Gasthaus im Rathaus im 17. Jahrhundert der Treffpunkt der holländischen Händler.

Oder war die Rippe der Rest eines echten Seeungeheuers, das bis zur Mosel geschwommen war?

Nessie in der Mosel

Aus römischer Zeit findet sich so manche Darstellung von Seeungeheuern an der Mosel, meist in standardisierter Weise als Pferd mit Fischschwanz und in mythologischen Szenen.

1804 entdeckte man im Bett der Mosel bei Trier Skulpturen, die Herkules mit dem Seeungeheuer darstellten und wohl Teil der Römerbrücke gewesen waren.

Auch die berühmte Igeler Säule bei Trier (siehe BT XVI), ein Pfeilermonument, das die Brüder Lucius Secundinius Aventinus und Lucius Secundinius Securus um 250 für sich und ihre verstorbenen Angehörigen errichten ließen, zeigt im Relief ein Moselschiff mit Seepferden – eine Art Mischung aus Pferd, Fisch und Schlange.

Das »Weinschiff von Neumagen« (siehe S. 28), 1878 ausgegraben, bildet den Teil des Grabmals eines römischen Weinhändlers aus der Zeit um 220 n. Chr. (ein Abguss steht vor der Peterskapelle in Neumagen-Dhron). Bug und Heck des Ruderers zieren gewaltige Drachenköpfe.

Im Rheinischen Landesmuseum in Trier wird das Relief eines römischen Grabmals aufbewahrt, das in einer Konche eine Frisierszene zeigt und darüber zwei Keten oder Seepferde mit langen, geschlängelten Schwänzen, Walfischfluke und Pferdekopf. Das Kunstwerk stammt aus der Zeit um 200 n. Chr.

Es war aber nicht alles nur symbolisches Abbild. Die *Rheinland-Sagen* von 1924 melden uns, dass die Mosel bei Mehring, knapp nördlich von Trier, trügerisch sei:

Die Fischer fürchten diese Stelle, weil es da nicht geheuer ist und der Nachen wie von unsichtbarer Hand in die Tiefe gezogen wird. Hier hat die Mosel schon manches Opfer ge-

Das Weinschiff von Neumagen mit Monsterköpfen an Heck und Bug, römische Skulptur.

fordert. Und riesenhafte Schlangen hat man zur Nachtzeit gesehen, die schwammen im Wasser und verstrickten sich im Fischernetz.

Ungeheuer in den Maaren

Im Laacher See soll ein alter Karpfen leben, »so alt, daß Moos auf seinem Rücken wächst«, wie uns K. Wehrhan 1908 in *Die Sage* erzählt. Aber von diesem Fisch, der der Forelle vom Belchensee ähnelt, ist nichts Genaueres bekannt – ganz im Gegensatz zu den Riesen-hechten im Ulmener Maar (siehe BT VIII). Von diesen berichtete der Geograf Sebastian Münster mehrmals – aber praktisch immer in denselben Worten.

In seiner *Cosmographie* (in Basel 1550 erschienen) schreibt er:

Item zwen namhafftiger seen seind in der Eyfel, einer bei dem schloß Ulmen, und ein ander bey dem closter zum Laich, die seind seer tieff, haben kein ynfluß aber vil außflüß, die nennet man Marh und seind fischreich. In dem zu Laich findt man stein, grün, gel und rotfarb gleich den bösen Smaragden und Hyacincten. Im Marh zu Ulmen ist ein fisch wie den vil gesehen habenn, auf dreissig schuch lang, und ein ander uff 12 schuch lang, die haben Hecht gestalt. Und so sie sich lassen sehen, stirbt gewißlich ein gan erb des hauses Ulmen, es sey man oder frauw, ist offt bewert und erfaren worden. Dise Marh ligen gemeinlich auff hohen bergen. Man hat das zu Ulmen wöllen ersuchen in seiner tiffe, und nach dem man das blei 300 clafftern tieff hinab gelassen hat, hat man kein grund mögen finden.

Die Geschichte von den Riesenhechten, der eine neun Meter lang, der andere immerhin noch 3,60 Meter von der Schwanzflosse bis zum spitzen Maul, war lange das einzige, was man über die Maare wusste. Mitte des 18. Jahrhunderts vermerkt der Lexikograf Johann Heinrich Zedler im 49. Band seines *Großen vollständigen Universal-Lexikons aller Wissenschaften und Künste,* bei Ulmen liege »ein See, in welchem zwey grosse Hechte sich befinden sollen, davon der eine 30, der andere 12 Fuß lang, und sollen allemahl, wenn sie sich sehen lassen, dem Geschlechte dieses Orts einen Sterbe-Fall ankündigen.«

In Ulmen nutzt man die Hechte heute nicht mehr, à la Loch Ness, als Lockmittel für Touristen, aber in dem 2013 erschienenen Roman von Franziska Franke, *Sherlock Holmes und das Ungeheuer von Ulmen,* versucht immerhin der englische Meisterdetektiv, die Monster aufzuspüren, nachdem zwei Kinder behaupten, sie hätten einen riesigen Fisch im Maar gesichtet. Riesenfische sind übrigens nicht die einzigen Rätsel von Laacher See und Ulmener Maar – der Laacher See soll durch unterirdische, geflutete Kanäle mit dem Maar in Verbindung stehen und beide mit dem Atlantik. Dass das Ulmener Maar unergründlich sei, hat Sebastian Münster ja schon geschildert. (Moderne Geografen, die weniger romantisch veranlagt sind, geben dem Ulmener Maar eine maximale Tiefe von 37 Metern.)

Mosel-Nixen

Ausonius erwähnt in der »Mosella« auch Nixen und Nymphen – heute sieht leider niemand mehr Seejungfrauen in dem Fluss.

Du nun, Wohnerin hier im Bezirke des Flusses, o Nais,
Melde die Chöre des schuppigen Volks, und die Schaaren verkünde,
Die in der lauteren Flut des bläulichen Stromes sich wiegen

So heißt es ab Zeile 80 des Gedichts, und ab Zeile 170 schildert der Römer sogar ein munteres Stelldichein aus Flussnymphen und Panen, den bocksfüßigen Waldgeistern:

Nein, mit ländlichen Satyren, scheint's, blauäugige Nymphen,
Flußgöttinnen, gesellen sich hier am Saum des Gestades,
Wenn unbändige Lust antreibt geißfüßige Pane,
Und sie sich tummeln im Fluß und die schüchternen Schwestern im Strome
Schrecken, verplätschernd die Flut mit unbeholfenem Schlage.
Oft auch, wenn sie Trauben genascht in der Mitte der Anhöhn,
Zu Oreaden gesellt, den Gespielen, die Fluß-Panopea,
Flieht sie die Götter der Flur, die ausgelassenen Faunen.
Sag' auch geht, wenn mitten am Himmel glühet die Sonne,
Satyre dann, am gemeinsamen Strom, und die grünlichen Schwestern
Feiern Reigen, gesellt, weil einige Stündchen vergönnet,
Ungestört von der Menschen Gedräng, die glühende Hitze;
Dann in ihrem Gewog umhüpfend schäkern die Nymphen,
Uebergießen die Satyre ganz, und den linkischen Schwimmern
Schlüpfen sie weg aus den Händen, und die, getäuscht nach den glatten
Gliedern haschend, umfahn nur lautere Wogen für Körper.

Ausonius gibt aber freimütig zu, dass es sich hier um eine bloße literarische Fiktion handelt:

Aber es ist nicht erlaubt zu erzählen, was weder ich selbst, noch
Je ein sterbliches Auge gesehn; zu enthülln das Geheimniss,
Das nur den Wogen allein, dem verschwiegenen Ufer vertraut ward.

Spätere Zeitalter sahen Nixen nicht mehr so spielerisch. In der germanischen Mythologie können die Flusswesen mächtig sein und als Verkörperung des Flusses ihre Opfer fordern. In dem um 1191 von Lambert von Trier verfassten frommen Werk *Vita, inventiones et miracula s. Mathiae* (»Leben, Auffindungen und Wunder des heiligen Matthias«) berichtet Lambert, wie ein Jüngling, der einen in die Mosel gestürzten Knaben retten wollte, selbst ertrank. Ihn habe ein böser Geist hineingezogen, den man Neptun nenne und noch immer verehre.

Weniger böse war die sagenumwobene Melusine, eine See- oder Schwanenjungfrau, von der zahllose europäische Adelsgeschlechter abstammen wollten. Je nach Erzähler ist die Geschichte variabel, stets aber enthält sie das Tabu, dass der Ehemann der Melusine diese niemals beim Bade beobachten darf – allen gemein ist auch, dass der adelige Gatte seine Neugier nicht bezähmen kann und durchs Schlüsselloch späht. Er sieht dann seine Frau im Badezuber, doch ihr Unterleib hat sich in einen Fisch- oder Schlangenschwanz verwandelt und sie muss ihren Gatten, der sich nicht an das Verbot gehalten hatte, verlassen.

Melusines Geheimnis wird aufgedeckt – Darstellung aus dem Roman de Mélusine *von Guillebert de Mets, um 1410.*

Heinrich VII., Graf von Luxemburg und Kaiser des Deutschen Reiches (geb. 1278/79, gest. 24. August 1313), führte seinen eigenen Stammbaum auf die Melusine zurück.

Ganz unbefangen, die beiden Fischschwänze verführerisch gespreizt, begegnen uns Nixen noch auf dem Petrusbrunnen von 1595 am Trierer Marktplatz, auf dessen Schaft Schabernack treibende Affen herumturnen. Affen an der Mosel? Schließlich heißt ja ein Bergsattel bei Éloyes an der Obermosel Col du Singe, Affenpass.

Weibliche Yetis an der Mosel?

Im Frühjahr 1833 fing man bei Forbach, keine 15 km von der Mosel entfernt, ein »Wildes Mädchen«. Der *Der Bote von und für Ungern* berichtete am 16. Juli 1833: »In dem Walde von Mittelbrun bei Forbach im Mosel-Departement hat man ein wildes 17jähriges Mädchen gefunden und dasselbe nach Paris geschafft. Es spricht kein Wort.«

Die *Lemberger Zeitung* meldete acht Jahre später, am 7. Mai 1841, einen zweiten derartigen Fall (den andere Blätter schon im April 1841 brachten): »In einem Walde bei Forbach, im französischen Departement der Mosel, ist ein wildes Mädchen, das gleich einem Affen von Ast zu Ast umherhüpfte. Es wurde gefangen, und nach Paris gebracht. Sein ganzer Leib ist mit Haaren bedeckt, und seine liebste Kost besteht in lebendigen Fischen, die es mit den Händen fängt.«

Zwerge

Das Gegenteil eines Riesen oder zottigen Affenmenschen ist ein cleverer Zwerg. Der englische Geschichtsschreiber Gervase von Tilbury (ca. 1150 bis 1235) überlieferte uns das Monumentalwerk *Otia imperialia* (»Kaiserliche Mußestunden«) sowie eine wohl 1209–1214 verfasste Weltgeschichte. Darin erzählt er eine sonderbare Episode, die sich im Kloster Prumia, dem heutigen Prüm, zugetragen haben soll:

1138 suchte der für den Wein zuständige Mönch der Abtei Prüm nach der Ursache für ein eigentümliches Rumpeln im Keller – und fand heraus, dass in der Nacht dort ein Fass umgestürzt worden und ausgelaufen war. Das geschah eine weitere Nacht so, und der brave

Mönch beriet sich mit seinem Abt. Sie beschlossen, Weihwasser über die Fässer zu spritzen. Als sie am nächsten Morgen nachschauten, bot sich ihnen ein höchst eigentümliches Bild: Der Mönch, so erzählt Gervase, ...

... ging in den Keller und fand dort einen wundersamen kleinen schwarzen Jungen oder Zwerg, der sich mit Händen an eines der Spundlöcher klammerte. Er ergriff ihn eiligst, brachte ihn zum Abt und sagte: »Mein Herr, dies ist der Bengel, der solches Unheil im Keller angerichtet!« Der Abt, von der seltsamen Erscheinung des Jungen verblüfft, beriet sich mit den älteren Mönchen und wies an, man solle dem Jungen ein Mönchshabit nähen, und [ihn] zu den jungen Männern bringen, die im Kloster studierten.

Der eigentümliche Junge verbrachte Tag und Nacht bei diesen Studenten, rührte aber nie Speise oder Trank an. Er sprach auch nie, weder öffentlich noch privat, und während die anderen mittags oder in der Nacht ruhten, saß er einfach nur auf seinem Bette und jammerte oder seufzte ohne Unterlass. Zwischenzeitlich suchte der Abt eines anderen Klosters die Abtei auf, um in der Kirche zu beten. Als er da beim Abt und den älteren Mönchen saß, gingen die Schüler an ihm vorbei. Da streckte der kleine Junge die Hände nach ihm aus, als wolle er ihn um einen Gefallen bitten.

Das tat der kleine Junge so oft, dass der Abt, dem die kleine Statur auffiel, sich zu den Mönchen neben ihm wandte und sie fragte: »Weshalb habt ihr einen so kleinen Knaben in eurer Abtei?« Sie lächelten und antworteten: »Mein Herr, es ist nicht so, wie es scheint.« Sie erzählten ihm, was sich im Keller ereignet hatte, und der Abt stöhnte und sagte: »Vertreibt ihn augenblicklich! Es handelt sich eindeutig um einen Teufel in menschlicher Form; aber die Gnade Gottes und die Gnade der Heiligenreliquien, die ihr bei euch aufbewahrt, hat bislang verhindert, dass er euch Böses tut!« Auf Befehl des Abtes wurde der Junge zu ihm gebracht, und als sie ihn seines Mönchshabits entkleideten, verschwand er wie Rauch aus ihren Händen.

Nicht jeder Zwerg allerdings mag so geheimnisvoll sein, wie er auf den ersten Blick wirkt. Ein mögliches Gegenbeispiel zum dämonischen Gnom von Prüm liefert eine Geschichte, die sich Anfang des 18. Jahrhunderts bei Metz ereignet haben soll. Ein Jahrhundert später wird sie ganz aufklärerisch von Johann Carl Unger 1834 in seinem *Das Veilchen. Ein Taschenbuch guten Menschen geweiht* erzählt:

Der Poltergeist. Ungefähr im Jahre 1717 reiseten sieben Studenten miteinander von Pont-à-Mousson nach Metz, und gedachten ihre Ferienzeit zum Theile allda zuzubringen. Weil es ihnen aber auf dem Lande lustiger vorkam, als in der Stadt, so gingen sie eines Tages nach Moulin, einem, nur eine halbe Meile von Metz entlegenen Orte, speisten allda in den Gasthofe, welcher der Mairie [Rathaus] gegenüberlag, zu Mittag, und belustigten sich bis Abend alsolang, daß sie bei ihrer Rückkehr die Thore der Stadt schon geschlossen fanden. Sie gingen daher in das Wirthshaus zurück, welches sie soeben verlassen hatten: allein alle Zimmer waren indes von ankommenden Fuhrleuten und Weinhändlern eingenommen worden, bis auf einen kleinen, schönen und bequemen Saal, in welchen aber der Wirth sie einzulagern nicht getraute. Auf ihre Frage um die Ursache dieser Weigerung bedeutete er ihnen, daß es in diesem Gemache nicht ganz geheuer sei, indem zu Nacht, seit geraumer Zeit, ein Poltergeist dahin komme, welcher die Leute beunruhige, und Alles so durch einander werfe, daß man es kaum mehr dazu benützen könne, um die Speisenreste und das Geschirr bis zum andern Morgen aufzubewahren. Die Studenten machten sich aber darüber lustig, und baten, er möchte sie nur einlassen. Sie verlangten weder zu liegen, noch zu schlafen; es würde ihnen aber angenehm sein, wenn sie von dem Geiste etwas Neues erkundigen könnten. Er sollte ihnen nur ein kleines Nachtessen zu richten lassen; Karten, Wein, Holz, Lichter u.s.w. geben, und ihnen nichts anhaben, wenn sie etwas laut würden; so wollten sie sich gerne damit begnügen. Der Wirth gab ihnen endlich nach, brachte ihnen das Verlangte, und meinte, was das Lautwerden beträfe, so dürften sie sich um so weniger Zwang anthun, da der Maire [Bürgermeister], welcher gegenüber wohnt, seit einigen Tagen verreist sei; wenn nur der Geist sie nicht allzu still machte. Damit nahm er Abschied. Nach dem Nachtessen setzten sie sich zum Spielen. Beiläufig um Mitternacht kam aber der Poltergeist wirklich. Er stieg durch den Kamin herab; stellte sich mit beiden Füssen auf die Quereisen des Kamines, und glotzte sie mit einem widrigen Fratzengesichte frech an. So viel sie beim Flackerscheine der ziemlich weit herabgebrannten Kerzen entnehmen konnten, so hatte derselbe eine kleine, zwergartige Gestalt; ein langes, bärtiges Männerantlitz; trug rothe Hosen, rauhe Stiefeln und eine rothe Kappe. Alle schrien zugleich laut auf: »Da ist der junge Herr!« und liefen mit ihren Degen auf ihn los, um ihn zu stechen. Er entwich aber in die Mitte des Zimmers. Sie verfolgten ihn aller Orten hin, und trachteten ihm einen Stoß beizubringen; aber umsonst. Nachdem sie sich denn mit Herumlaufen lange genug abgemattet und erhitzt hatten, sagte Einer: »Jetzt wäre woll ein

Trunk rathsam, damit wir uns wieder erfrischen.« Sie tranken auch darauf, und Einer sprach zu dem Geiste, der auf der andern Seite der Tafel im Winkel stand: »Bist du nicht auch genug herumgerannt, daß dir ein Gläschen Wein schmecken könnte?« Zugleich füllte er aus der Flasche, die er in der Hand hatte, ein Glas mit Wein, und stellte es dem geheimnißvollen Gaste auf die Tafel hin. Der Geist sprang ohne Anstand auf den Tisch, leerte das Glas, und warf es dann auf den Boden, daß es in tausend Splitter zerstob. Dann langte er mit den Händen in die Schüsseln, auf denen noch Reste von Würsten, Butterbrot und Kalbfleische lagen; steckte so viel in den Mund, als ihm in der Eile nur möglich war; raffte das Übrige hastig zusammen, und kehrte sodann zum Kamine zurück, um sich seinen wirthlichen Herren Studios zu empfehlen. Allein diesen kam das Benehmen des Kobolds eben nicht fidel vor, und der Beherzteste von ihnen, der den Degen noch in der Faust hatte, meinte: »Wo der Kobold klettern konnte, da kann ich es vielleicht auch!« – Als sich daher das gespenstige Herrchen anschickte, auf dem Quereisen wieder davonzueilen, sprang ihm der Student nach und wollte ihn bei seinem rothen Höslein fassen. Aber ein kräftiger Biß belehrte ihn, daß mit Kobolden nicht zu scherzen sei. Dessenungeachtet stach er ihm mit dem Degen nach, und kreischend entfloh der Unhold, und übergoß das Haupt des kühnen Geisterverfolgers mit einem Regen geraubter Butterschnitten, Wurstfragmente und Bratentrümmer. »Wenigstens ist es ein bissiger Kobold!«, meinte der Student, indem er sich seine Daumenwunde wusch, – »aber Blut hat er doch auch, das beweiset meine Degenspitze!« – Neugierig harrten sie des Morgens. Als aber kaum der Tag graute, würde sie ein Lärmen und Zetterschreien vor den Hause gewiß geweckt haben, wenn sie geschlafen hätten. Sie sahen zum Fenster hinab und erblickten auf der Straße, bejammert von der Haushälterin des Maire, den blutenden Leichnam des kleinen Poltergeistes. Das Gespenst war niemand Anderer, als des vor Kurzem hieher versetzten Maire – Leibaffe, Namens Pazzo. Der Speisengeruch mochte ihn zur Rolle eines Kobolds verleitet haben. So war das Räthsel gelöst.

Dass diese »rationale Erklärung« erst später zu der Geschichte hinzugefügt wurde, zu der sie auch nur passt wie eine Zwangsjacke, beweisen zeitgenössische Dokumente, so etwa ein Brief, den Augustin Calmet am 6. September 1749 schrieb und dann in seinem Buch *Gelehrte Verhandlung der Materie von den Erscheinungen der Geister, und der Vampire in Ungarn, Mähren, etc.* abdruckte.

Calmet gibt die Geschichte wieder bis zu dem Zeitpunkt, da der Zwerg wieder im Feuergrill des Kamins verschwindet. Alles andere ist also spätere Zutat. Er fasst die Erscheinung knapp zusammen, und da sieht man schon, dass es sich bei dem 90 Zentimeter kleinen Männlein wohl kaum um den Affen des Bürgermeisters gehandelt haben kann: »Er hatte eine menschliche Gestalt, war schön von Angesicht, hatte rote Hosen, rote Strümpfe und eine rote Kappe, war ungefähr drei französische Schuh hoch und wohlgestaltet.«

Und fügt, um die Echtheit des Zwerges zu belegen, hinzu:

Diese Geschichte habe ich öfters von meinem eigenen Vater und dieser von Herrn Theobald, einem verehrungswürdigen Geistlichen, gehört, welcher im Bistum Metz eine Pfarrei hatte, die Sache als persönlicher Zeuge, der alles selbst gesehen hatte, bestätigte und sagte, sowohl er als auch die übrigen, die dabei gewesen und nun angesehene ehrliche Männer sind, seien es bereit mit ihrem Blut zu bekräftigen. Und dieser geistliche Herr ist erst vor drei oder vier Jahren verstorben.

Ein Zwerg, der um 1810 einen Menschen umbrachte (durch tödliche Strahlung, würde man in einem modernen UFO-Bericht sagen) ist erneut ein fast dämonisches Wesen. J. H. Schmitz berichtet in *Sitten und Sagen, Lieder, Sprüchwörter und Räthsel des Eifler Volkes,* das 1858 erschien:

Ein gewisser Leonard Weber aus Darscheid, welcher vor etwa 40 Jahren starb, äußerte kurz vor seinem Ableben, daß er auf Tommen seinen Tod gefunden habe. Als er nämlich des Nachts von Cochem rückkehrend über Tommen gekommen sei, habe sich ihm daselbst ein Männchen in den Weg gestellt. Nachdem er mehrmals vergeblich den Versuch gemacht, ihm auszuweichen, habe er das Männchen fassen und bei Seite schieben wollen; allein in demselben Augenblicke habe das Männchen ihn gefaßt und der Art in den Seiten gedrückt, daß er davon sterben müsse.

Noch in den 1970er-Jahren will ein Mann in Weißenseifen bei Prüm Kobolde gesehen haben – sie sind also längst nicht ausgestorben.

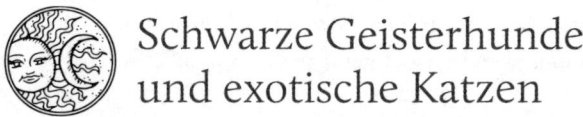

Schwarze Geisterhunde
und exotische Katzen

Werwölfe

Heute kennen wir Werwölfe hauptsächlich aus Hollywood-Filmen: Da handelt es sich um von anderen Werwölfen gebissene Menschen, die sich bei Vollmond selbst in einen solchen verwandeln – halb aufrecht gehender, haariger Mensch, halb wölfische Bestie –, den man nur mit einer Silberkugel zur Strecke bringen kann.

Unsere Vorfahren fürchteten sich vor Werwölfen (von germ. *wer* = »Mann«), aber ein solcher war für sie noch etwas anderes als die Film-Erfindung aus dem 20. Jahrhundert: Unter einem sogenannten Werwolf verstand man einen Hexer oder Zauberer, der sich absichtlich und willentlich dem Satan verschrieben hatte, sich mit einer Hexensalbe einrieb und dann in einen Wolf – und zwar einen ganz und gar tierischen – verwandelte. Vollmond und Silberkugel kamen erst gar nicht vor. Einen Werwolf machte man dadurch ausfindig, dass man ihn in seiner Wolfsgestalt verletzte und dann am Tage darauf bei einem Mitbürger dieselbe Wunde feststellte.

In seiner Studie *Henrich der Werwolf: eine Geschichte aus der Zeit der Hexenprozesse* berichtet Elmar M. Lorey 1998 auch von einem Fall, bei dem ein Mann aus der Moselregion involviert war.

Im Mai 1600 verurteilten die Behörden in Köln den Zimmermann Heinrich Sternenberg zu einer Geldbuße, weil er heimlich einen Fremden, der keine Papiere dazu besaß, in die Stadt gebracht hatte. Dieser Fremde, ein gewisser Martin Schmidt, stammte aus Cochem. Es muss ein Sonderling gewesen sein, denn man munkelte in der Rheinmetropole, »das ehr eyn wer wolff sei«. Entdeckt wurde Schmidt, weil er Streit mit einem Hauptmann der Stadt angefangen und diesen »schmählich angetastet« hatte. Man schloss den angeblichen Werwolf bei Brot und Wasser in den Gereonsturm, ein Gefängnis der Stadt, ließ ihn aber nach drei Tagen Haft wieder frei, warf ihn aus der Stadt und untersagte ihm, sie je wieder zu betreten.

Auch um Trier herum scheinen Werwölfe eine Plage gewesen zu sein, wobei man berücksichtigen muss, dass ein verdächtigter Hexer, ein Vater, der seine Frau und Kinder misshandelte, oder ganz allgemein ein unangenehmer Zeitgenosse in diesen Ruf geraten konnte.

Der Müller Theis aus dem nordöstlich von Trier gelegenen Mertesdorf, das damals zum Territorium der Trierer Abtei St. Maximin gehörte, wurde 1595 als Hexer angeklagt und hingerichtet. In seinem Geständnis spricht er davon, dass ihn der Teufel »wie ein wher wolff verendertt« habe. Deshalb habe er »vor vier jaren [ein kleines Kind] verfuerdt in den Walt und gewolten das kindtgen bezaubaubern unnd doden« – also vier Jahre zuvor ein Kind in den Wald gezerrt, um es zu behexen und dann zu töten.

Anno 1630 klagen die Behörden Jonas Schmitz (genannt Kho) aus Kirsch-Longuich an, weil er dem Vorwurf, er sei ein Werwolf, nicht kräftig genug entgegengetreten war. Sei doch »derselbig vor ein offener zauberer und behrwolff außgeruffen worden in der fastnach, welches er auch unverantworth uff sich ersitzen laßen.« Offenbar war im Dorf die Tatsache, dass Jonas Schmitz sich in einen Wolf verwandelte, allseits bekannt – einer der Menschen, die die Klage vor Gericht angestrengt hatten, war sein eigener Sohn Theis. Der gab an, sein Vater könne sich mittels eines Gürtels in ein Raubtier verwandeln.

Man könnte versucht sein, diese Fälle als frühe Berichte über Kindesmissbrauch zu lesen, aber die Vorwürfe gingen viel weiter: Die Menschen verhielten sich nicht wie Tiere, sie wurden wahrhaft zu Tieren, und das gelang wiederum nur mit Hilfe des Teufels. Sie schädigten also Mensch und Tier. Im Falle von Jonas Schmitz zum Beispiel beschuldigte ihn ein anderer Mann aus dem Dorf, Peter Bender, er habe ihm sein Schwein totgeschlagen. Er musste das Tier ersetzen und bedrohte deshalb Bender. Bald darauf wurde auch das Ersatzschwein nachts totgebissen und der Kadaver mit roher Gewalt bis an den Weiher vor dem Berg von Kirsch gezerrt. Da keine Wölfe gesehen und das Schwein zwar getötet, nicht aber aufgefressen worden war, fiel der Verdacht sogleich auf Schmitz. Die anderen Dorfbewohner beschuldigten ihn, ein »Bärwolf« zu sein, und es kam zur Anklage. Schmitz floh und entzog sich damit der sicheren Verurteilung. Die Geschichte

Angst vor Werwölfen gibt es nicht erst unserer Tage durch Blockbuster – hier ein Holzschnitt von 1722.

findet sich in dem interessanten Band *Alltagsleben und Magie in Hexenprozessen* (2003) von Rita Voltmer und Günter Gehl.

Mit dem Ende der Hexenprozesse, das auch ein Ende der sehr ähnlichen Werwolf-anschuldigungen mit sich brachte, ging der Werwolf in Mitteleuropa ins Reich der Sage und der Spukerscheinungen ein.

Knapp fünfundzwanzig Sagen um Werwölfe gibt es aus der Westeifel, so heißt es, unter anderem aus Burg an der Salm, Glasbach bei Dreis und aus Ürzig. Ein Werwolf soll bei Reidenhausen ein Kind in einen Sumpf gezerrt haben, seine Eltern errichteten an der Stelle zum Gedenken eine Muttergottesstatue.

Bereits als Gespenst und nicht als verwandelter Hexer tritt der Werwolf der Karthause bei Koblenz auf. Allerdings wurde er über Jahrhunderte hinweg immer wieder beobachtet.

Er soll im Juni 1632 während der Belagerung durch die Franzosen aufgetaucht sein, und dann wieder 1664, als ihn ein Pater des Klosters erblickte:

Nur ein Viertelstündchen weit hatte er sich verlaufen wollen, aus den Minuten wurden aber, in einer dem P. Vincentius unerklärbaren Weise, Viertelstunden, und vollständig hatte er seinen Weg verloren, als die Nacht mit ihren Schrecknissen und mit einer ihm eben so unerwünschten als peinlichen Begleitung eintrat. Ein ungeheurer Wolf drängte sich an ihn heran, verfolgte ihn auf Schritt und Tritt, wich nicht von ihm, bis endlich die Klosterpforte erreicht. Seiner Sünde und der verdienten Folgen hat der Pater sich alsbald angeklagt: er erlitt eine dem Vergehen angemessene Strafe, verfiel aber zum Ueberfluß in schwere Krankheit, in ein kaltes Fieber, so keines Arztes Kunst zu heben vermocht. Da wurde endlich der Scharfrichter von Wetzlar gerufen, und der verordnete als das zuverlässigste Mittel, das Herz eines Wolfes in Butter gebraten.

1777 kam um Mitternacht Herr Joh. Nikolaus Keller, Kanonikus zu St. Kastor, von der Karthause zurück. Auf einmal hörte er ein ...

... wildes Traben und Schnauben, und gleich darauf rannte etwas zwischen seinen Beinen hindurch; ehe er sich recht besann, saß er hoch, nicht zu Pferd, sondern zu Wolf, und das Untier macht mit ihm kehrt und jagte dem Steckenwäldchen zu immer bergan in das dichteste Holz hinein. Was da alles mit ihm geschehen, wußte er nicht mehr, die Sinne schwanden ihm. Als er wieder zu sich kam, saß er in der gabelförmigen Spitze einer hohen Eiche an der Brodenbach.

Noch 1818 oder 1820 soll einem Offizier der Werwolf begegnet sein:

Die letzte Kehr hatte ich gemacht, erreicht beinahe den halb verschütteten Pfad, der zu dem Karthäuserkloster hinanführt, da machte der Rappe urplötzlich einen Satz nach des Weges Rand, einen Satz, um den noch heute alle meine Haare sich sträuben. Ungezweifelt sollten Roß und Reiter am Morgen stückweise in der Tiefe zusammengelesen worden sein, hätte nicht eine Art von Ohnmacht den Gaul gelähmt: weit auseinander trieb sie ihm die langgestreckten Vorderbeine, und nicht minder mögen die Hinterbeine sich gedehnt haben, denn beinahe dem Boden gleich befand ich mich im Sattel. Und zwanzig Schritte vor mir erhob sich thurmhoch ein schwarzes, zottiges Wesen, mit einem Satz gelangte das von der Straße zum Felsen, um in unbegreiflicher Behendigkeit die Spitze zu erklettern, wie ich das bei dem hellen Mondschein sehr deutlich wahrnehmen konnte.

Der letzte Werwolf der Mosel, der weltweit, vor allem in den USA, für Furore sorgte, ist in Morbach angesiedelt, im Kreise Wittlich. Und waren früher Werwölfe noch ganz Tier, wenn auch als verwandelte Menschen, so hat Hollywood den Werwolf zu einer Art aufrecht gehendem Mannwolf, zu einem Geschöpf mit Hundekopf und Menschenkörper, gemacht. Als solchen kennen ihn die Amerikaner – und als solchen sehen sie ihn.

Zu den Ideen, die in Deutschland stationierte Amerikaner später über Werwolfe in ihre Heimat brachten, kommen noch die Vorstellungen, die sie über das »geheimnisvolle Land« mit Burgruinen und endlosen, von Märchengestalten beseelten Wäldern hatten. Deutschland war für Amerikaner ein Land mit einer viel größeren historischen Tiefe als die Vereinigten Staaten – so alt, dass selbst die Existenz eines Werwolfs hier möglich schien. Er verkörperte zudem alles Fremde, dem die stationierten Soldaten begegneten.

Der Werwolf von Morbach spukt durch eine schier endlose Zahl von Seiten im Internet. Sehr wahrscheinlich spielt die Geschichte, die einmal dem Ort Wittlich, dann wieder Morbach zugeschrieben wird, bei dem Weiler Wenigerath.

Die Welt erfuhr im Oktober 1997 durch eine anonyme E-Mail eines US-Soldaten an den amerikanischen Professor D. L. Ashliman von der University of Pittsburgh von dieser Begegnung. Der Gelehrte betrieb eine Seite über Werwölfe. Die E-Mail, in einem etwas atemlosen Stil verfasst, klang sehr mysteriös:

Das Ungeheuer von Morbach. Haben Sie schon vom Ungeheuer von Morbach gehört? Ich habe zum ersten Mal davon erfahren, als ich auf der Hahn Air Force Base in Deutschland stationiert war. Morbach war ein Munitionslager knapp außerhalb des Dorfes Wittlich. Wittlich soll der letzte Ort sein, an dem ein Werwolf getötet wurde. Vor der Stadtgrenze ist eine Art Schrein, wo immer eine Kerze brennen muss. Der Legende nach kehrt der Werwolf zurück, wenn man die Kerze erlöschen lässt. Einmal waren in der Nacht Sicherheitspolizisten auf dem Weg zu ihrem Posten bei Morbach, als sie merkten, dass die Kerze in dem Schrein ausgegangen war. Sie machten alle Witze über das Ungeheuer. Später in derselben Nacht gaben die Sensoren im Zaun Alarm. Als die Sicherheitspolizisten nachsehen gingen, bemerkte einer von ihnen ein riesiges, »hundeartiges« Tier auf den Hinterbeinen stehen. Es blickte ihn an und sprang über den 2,20 m hohen Maschendrahtzaun.

Ein Militärwachhund wurde herbeigeholt, und wo das Tier gesichtet worden war, drehte der Hund durch und wollte das Tier nicht aufspüren. Das ereignete sich 1988.

Man glaubt beinahe das Kichern der erfahreneren Soldaten zu hören, die den Neulingen einen gehörigen Schrecken einjagen wollen, wenn sie diese Geschichte erzählen. Es gibt bei Wittlich keinen Werwolf-Vorfall, schon gar nicht »den letzten« in Deutschland, und auch keinen Schrein mit einer magischen Kerze. Der Zaun um das Munitionsdepot hat keinen Sensor, sondern wird zur Kontrolle schlicht abgelaufen.

Nachdem Ashliman die E-Mail veröffentlicht hatte, meldete sich einer der vorgeblichen Augenzeugen selbst:

Ich war vom Mai 1986 bis zum August 1989 als Sicherheitspolizist auf der Hahn Air Base in Deutschland stationiert. Es war meine Gruppe, die den Werwolf von Morbach beobachtete. Das Wesen, das wir sahen, war eindeutig ein Tier und eindeutig ein hunde- oder wolfsähnliches Etwas. Es war 2,10 bis 2,40 m groß und sprang über den 3,60 m hohen Sicherheitszaun, nachdem es drei lange Schritte [Anlauf] genommen hatte.

In diesem »Augenzeugenbericht« hat das Tier bereits eine größere Höhe als der Zaun im ersten Bericht (amerikanische Militärzäune sind auf 2,10 Meter genormt) – wir können die Authentizität des Beitrags getrost in Frage stellen.

Andere Soldaten bestätigten Ashliman die Gerüchte, nicht aber die Fakten:

Ich war von 1988 bis 1991 in Hahn und hatte 88–90 viel im Depot Morbach zu tun. [...] Wir machten Scherze über das Ungeheuer von Morbach, aber gewöhnlich nur, um die Frischlinge zu verängstigen. Ich habe mit einigen zusammengearbeitet, die schon vor dem Vorfall 1988 dort waren, keiner hat mir je etwas davon erzählt. [...] Es machte uns immer Spaß, die Neuankömmlinge mit dem Werwolf zu erschrecken.

Als der Kulturanthropologe Matthias Burgard der Geschichte, die wohl ursprünglich nichts mehr war als ein launiger Scherz, auf den Zahn fühlen wollte, stieß er dennoch auf einige zusätzliche Schilderungen von Sichtungen des Ungeheuers, die er in seinem Buch *Das Monster von Morbach* aufführt. Interessanterweise ergab eine Umfrage vor Ort, dass

Einheimische die Sage gar nicht kannten, während die meisten der stationierten Amerikaner zumindest davon gehört hatten.

Ein weiterer Amerikaner sah am Zaun »ein Tier, dessen Art wir nicht erkennen konnten. Es kam aus dem dichten Gebüsch und lief in eine zweite Baumgruppe am Zaun. [...] Das Tier war sehr pelzig und zwischen 60 und 120 cm hoch.« Weil der Boden mit Nadeln bedeckt war, gab es keine Fußabdrücke, der Zeuge schloss aus, dass es sich um ein Wildschwein gehandelt haben könnte.

Eine Amerikanerin schilderte ihre Begegnung in den 1980er-Jahren bei Tranenweiler in einer E-Mail an Burgard. Gunther, einer der ältesten Dorfbewohner, habe sie vor dem Werwolf gewarnt. Zwei Wochen später, bei Vollmond, habe sie einen Hirsch im Wald flüchten sehen, zur selben Zeit habe sich ihr Hund im Haus verkrochen.

Dann hörte ich das schrecklichste Heulen, das ich je im Leben gehört habe. Ich habe schon jede Menge Hunde heulen hören (ich habe einmal in einer Tierarztpraxis gearbeitet), aber so etwas hatte ich noch nie zuvor gehört, und es wurde immer lauter und lauter. [...] Am nächsten Morgen fanden meine Nachbarn, dass ihr Hühnerstall aufgebrochen worden war und alle Hühner tot waren.

Dass der deutsche Werwolf in der amerikanischen Imagination eine so große Rolle spielt, mag auch der Tatsache zuzuschreiben sein, dass so manche großväterliche Kriegserzählung in den Staaten von Begegnungen mit Werwölfen handelte, nämlich den nationalsozialistischen Freischärlern der Organisation Werwolf, die auf Himmlers Order noch ganz gegen Ende des Zweiten Weltkriegs für die verlorene Sache kämpfen wollten. Und bereits in dem Science-Fiction-Magazin *Weird Tales* von 1944 gab es für die US-Soldaten eine Geschichte zu lesen, in der böse deutsche Werwölfe im Ersten Weltkrieg die US-Truppen attackieren (die von hübschen russischen Werhunden gerettet werden ...).

Schwarze Hunde

Werwölfe sind nicht die einzigen unheimlichen Hundewesen. Unsere Vorfahren fürchteten auch den »schwarzen Hund« mit tellergroßen, glühenden Augen, ein Gespenst, hinter dem sich mutmaßlich der Teufel verbarg und das als Pudel in Goethes *Faust* zu literarischen Ehren gekommen ist.

Von den meisten »schwarzen Hunden« raunt nur die Sage, es gibt allerdings auch Augenzeugenberichte. Der Geisterhund »an der Burg Ulmen hat tellergroße Augen und begegnet häufig dem Nachtwächter«, ein weiterer Hund spukt bei Koblenz am hl. Kreuz Pfaffendorf, wie der Volkskundler J. N. Sepp aufgezeichnet hat. Von einem anderen »schwarzen Hund« nahe Koblenz berichtete P. J. Kreuzberg 1934 in *Deutsches Volkstum im Rheinlande*:

> Am »Weidenteil« hauste früher ein schwarzer Hund; der hatte glühende Augen so groß wie ein zinnerner Teller. Einmal kam ein Mann spät abends von Koblenz heim. Kaum war er an der Stierswiese vorbei, so hörte er hinter sich ein dumpfes Knurren, und als er sich umschaute, sah er den schwarzen Hund. Er lief, was er laufen konnte; je schneller er aber lief, desto schneller lief auch der Hund. In seiner Not rief der Arme alle Heiligen an. Da kam er an den Banbach, und in einem kühnen Sprung setzte er hinüber. Der Hund sprang ihm nach, blieb aber neben ihm wie tot liegen. Schweißtriefend kam der Mann zu Hause an.

Gemeinhin nahm man an, dass Gespenster keine fließenden Gewässer überqueren können, diese Vorstellung steckt wohl hinter der Anekdote mit dem Bach, dem der Hund erliegt.

Ein Augenzeuge der Erscheinung eines schwarzen Hundes war ein Bischof. Über den 15. September 857 berichten die Annalen, Theutgaud, der 847 bis 863 Bischof von Trier war, habe im Trierer Dom die Messe gefeiert, als ein heftiges Gewitter aufgezogen sei, mit finsteren Wolken und schrecklichem Donner. Plötzlich sei ein Blitz in den Glockenturm geschlagen, der daraufhin einstürzte. Es sei dunkel geworden im Dom, so sehr, dass die Menschen einander nicht mehr hätten sehen können – und dann sei ein riesiger schwarzer Hund erschienen, um den Altar herumgelaufen, die Erde habe sich aufgetan und er sei im Boden verschwunden. Zur selben Zeit sei auch in Köln ein »Blitz in Form eines langen Drachens« in einer Kirche eingeschlagen, merken die *Annales Fuldenses* an. Er habe zwei Geistliche und einen Laien getötet.

Wegen des Hundes, den sie für ein böses Omen hielten, prophezeiten Zeitgenossen dem Bischof ein übles Ende, und tatsächlich kam er später wegen seiner politischen Machenschaften in den Bann.

Wilde Wölfe

Die Angst vor Werwölfen und geisterhaften schwarzen Hunden ist sicherlich auch der Tatsache zuzuschreiben, dass früher Wölfe an der Mosel anzutreffen waren, die als blutrünstig und bösartig galten (auch wenn die moderne Verhaltensforschung solche Vorstellungen längst widerlegt hat).

Um das Jahr 1220 spielt eine Wolfsgeschichte, die der Mönch Caesarius von Heisterbach nach Augenzeugenberichten überliefert hat. Die dreijährige Tochter der Frau Jutta von Burg Veldenz spielte auf der Tenne, da kam ein Wolf, packte sie an der Kehle, warf sie auf den Rücken und zerrte sie in den nahen Wald. Jutta, eigentlich eine fromme Frau, lief schnurstracks in die Kapelle, riss das Jesuskind von der Statue der Gottesmutter und erpresste diese: Würde ihr das Kind nicht wiedergegeben, so erhalte auch Maria ihren Sohn Jesus nicht zurück. Am Tage darauf fanden Leute aus dem Dorf, die den Wolfsspuren folgten, das Kind unversehrt in einem Gebüsch spielend – es hatte aber am Hals noch die Zahnabdrücke des Wolfes. Caesarius hörte diese Geschichte von Hermann, dem Abt von Marienstatt, der das Mädchen selbst gesehen und die Mutter befragt hatte.

Diese rabiate Art der Frömmigkeit würde heute wohl kein Mönch mehr empfehlen. Häufiger stellten Menschen, die aus Wolfsgefahr errettet wurden, zum Dank ein Kreuz auf oder stifteten ihrer Kirche eine Tafel. 1742 errichteten zum Beispiel zwei Holzhauer aus Wenzelhausen-Herforst das »Wolfskreuz« aus Dank dafür, dass sie unversehrt blieben, als sie mit zwei Wölfen kämpfen mussten.

Wölfe (siehe BT VII) überdauerten erstaunlich lange in der Region. Am 20. August 1843 meldete das *Wochenblatt für die Bezirke Zweibrücken, Homburg und Cusel*:

Aus der Eifel. In den Schaafsherden hatten kürzlich Wölfe einige Verwüstung angerichtet; es wurde deshalb zu Kaisersesch eine Wolfstreibjagd beschlossen. Das Resultat war, daß kein Wolf, sondern ein Ochs geschossen wurde. Der Schütz, erstaunt ob solchen Irrthums, kam indessen wegen der in Aussicht stehenden Entschädigung, mit dem Schrecken davon, indem der Erlös aus dem erschossenen Ochsen den herbeigeführten Schaden beinahe deckte. Irren ist menschlich!

1855 weiß Theodor Schachts *Lehrbuch der Geographie alter und neuer Zeit* über »reißende Thiere« in Deutschland, »die Bären hat man ausgerottet, und Wölfe gibt es nur hie und da im Moselgebiet«. Zu dieser Zeit wurden für Wolfsabschüsse Prämien ausgelobt.

1856 lesen wir im *Amtsblatt der Bezirksregierung zu Trier* über das Vorjahr:

> Gutsbesitzer Heinrich de Maringh-Büdingen erlegt 1855 eine Wölfin bei Saarburg und erhält dafür vom Regierungsbezirk Trier eine Abschußprämie in Höhe von 12 Talern (im selben Jahr erlegte ein Förster einen Wolf bei Wittlich, ein Ackerer eine Wölfin bei Prüm).

Im Dezember 1878 suchten die Wölfe bei eisiger Kälte sogar die Nähe der großen Städte. Die naturwissenschaftliche Zeitschrift *Isis* fasst 1879 zusammen:

> Mit dem Schnee haben sich aber auch unliebsame Gäste, die Wölfe, eingestellt, die, durch Kälte und Mangel an Nahrung aus ihren Schlupfwinkeln vertrieben, sich in die Nähe der Städte wagen. In Metz ist ein Wolf auf dem Glacis der Festung gesehen worden, drei der Bestien versuchten in den Pferdestall eines in der Umgegend von Metz wohnenden Kalkbrenners einzudringen.

Ebenfalls an der französischen Mosel südlich von Metz gelten die Wölfe noch später als ansässig. Alljährlich wanderten sie mit »Vorliebe [an] den Moselhängen entlang und berühren die in der Nähe der Mosel östlich und westlich liegenden Forsten, oder sie verlassen die Mosel bei Pont a Mousson«, um nach der Umgebung von Nomeny zu wandern, wie der *Naturwissenschaftliche Beobachter* 1892 über das »gefährliche Raubzeug« berichtete.

Und dann war der Wolf plötzlich ausgerottet.

Aufgetaucht ist er an der Mosel erst rund 100 Jahre später, wenn man von zweifelhaften Sichtungen absieht, die unter anderem im Verlauf der Puma- und Pantherpaniken gemacht wurden. Jedenfalls sichteten Wanderer Ende 1994 am französischen Oberlauf der Mosel einen Wolf, dann konnte sogar ein Jäger bei Senonges ein Video eines solchen Tieres aufnehmen.

Bauern meldeten sich, die angaben, das Raubtier habe ihre Schafe gerissen. Das französische Umweltministerium erlaubte den Fang des Tieres, doch die Suche nach ihm blieb – trotz der Verwendung einer läufigen Wölfin als »Lockvogel« – erfolglos.

*Der Wolf,
Jahrhunderte lang
gefürchtet – hier zu sehen
auf einer Illustration der
Histoire naturelle
générale et particulière
avec la Description du
Cabinet du Roy,
Band VII, Tafel I,
Seite 70.*

Schließlich erhielt die Zeitung *L'Est Républicain* im Januar 1995 das Foto eines erschossenen Wolfes, zusammen mit der Angabe, wo der durch eine Kugel getötete Kadaver zu finden sei. Das Fell des Tieres wurde am angegebenen Ort sichergestellt, musste
aber von einem anderen Wolf als dem bislang gesichteten stammen, weil dieser mit einer
ganz anderen Fellfarbe geschildert worden war. Zudem gingen die Angriffe auf Schafe
weiter. Die Behörden folgerten, es seien wohl mehrere Wölfe im Moselgebiet unter-

wegs – und dann herrschte Stille ... weder wurden weitere Attacken gemeldet noch ein Wolf gesichtet. So erinnert der Wolf von 1995 verdächtig an die »entlaufenen Pumas«, die seit den 1980er-Jahren auch Deutschland unsicher machen – sie werden gesehen, aber nie gefangen.

Pumas, Panther, Monsterkatzen

Erzählungen von »entlaufenen Wildtieren« haben eine lange Geschichte. Es ist daher nicht auszuschließen, dass die eine oder andere Riesenkatze tatsächlich ein ausgebüxtes Raubtier war. Gemeinhin aber weisen sie immer ein anomales Charakteristikum auf – sei es die Fellfärbung, die Form des Pfotenabdrucks oder fehlende Risse im Forst –, die sie als reale Tiere wenig glaubwürdig machen.

Es beginnt – ganz untypisch – mit einem Bären, dessen Geschichte (Herkunft fragwürdig, Zeugen uneins, Unfangbarkeit) wie eine Vorwegnahme moderner Puma-Paniken klingt. Jedenfalls meldeten die *Fürther neueste Nachrichten für Stadt und Land* am 18. September 1872:

> Wie ein Trierer Blatt berichtet, hat sich im Kreise Wittlich wiederholt ein nasenberingter Bär gezeigt, der einer Zigeunerbande entsprungen sein soll. Das unheimliche Thier wird bald hier, bald dort gesehen und sind schon mehrere Bärenjagden in verschiedenen Wäldern des Kreises, leider bis jetzt ohne Erfolg, veranstaltet worden.

Dann kam im Februar 1977 das »Vogesen-Biest«, eine Art eigenartiger Hund, der entlang des Oberlaufs der Mosel Rinder angriff und den Augenzeugen als Wolf oder Hybrid aus Wolf und Hund schilderten. Er wurde Star unscharfer Fotoaufnahmen, großangelegte Treibjagden nach dem Tier blieben ohne Erfolg. Gerüchte gingen um, es gehöre einem reichen deutschen Industriellen und werde mit Ultraschall ferngesteuert. Ein anderes Gerücht wollte wissen, Wölfe aus Nevada seien an einen reichen Vogesen-Anrainer verkauft worden.

Im Sommer desselben Jahres sollte das »Biest« angeblich bereits Hunderte von Schafe als Beute gerissen haben. Jetzt aber wurde es nicht mehr als Hund oder Wolf, sondern zunehmend als Raubkatze geschildert und in der Presse abwechselnd als Puma, schwarzer

*Die drei Maare von Daun: das Gemündener Maar, das Weinfelder Maar
und das Schalkenmehrener Maar.*

I

Kein Vulkankrater, sondern möglicherweise der Einschlagsort eines Meteoriten:
das Rodder Maar.

Das römische Amphitheater von Trier.

Die Festung Ehrenbreitstein gegenüber der Moselmündung – ein wahrhafter Spukort.

IV

Die Terrassen-Mosel bei Winningen.

Den »Panther« gibt es nicht – im Bild sieht man einen schwarzen indischen Leoparden, den man auch Panther nennt.

Allmählich kehrt er in unsere Wälder zurück: der Wolf.

Das deutsche Loch Ness: das Ulmener Maar.

Panther oder Wolf bezeichnet. Bauern und Jäger organisierten nach wie vor regelrechte und immer erfolglose Treibjagden, doch selbst, als im Winter Schnee fiel, hinterließ das Tier niemals Fußabdrücke. Die Bauern von Épinal sprachen von dem »Blutinstinkt« des Wesens, das seine Opfer töte, aber nicht fresse, sondern – wie im moderneren Mythos von Chupacabra – nur ihr Blut saufe. Der amerikanische UFO-Forscher Jacques Vallée nahm sogar an, das Vogesen-Biest habe etwas mit fliegenden Untertassen zu tun. »In den Vogesen geht die Angst um« titelte die *Rheinpfalz* folgerichtig am 15. November 1977.

Ein Polizist betrachtete gleich zwei Exemplare sorgfältig durch den Feldstecher:

Zwei große katzenartige Raubtiere, die an die Anwesenheit des Menschen gewöhnt zu sein scheinen, denn sie waren nicht erschrocken, als sie mich sahen. Sie waren länger als Wolfshunde, aber mit kürzeren Beinen. In Gang und Haltung glichen sie katzenartigen Raubtieren. Nach meiner Ansicht wiegen sie gut 40 Kilo. Betroffen war ich über ihre großen Pfoten und großen Augen. Was die Farbe anbelangt, so bin ich mir ganz sicher: die Tiere sind glänzend schwarz.

Zur gleichen Gelegenheit war auch ein Tankwart zugegen. Die beiden Tiere seien gerade mal 200 Meter von seiner Tankstelle entfernt gewesen. »Sie waren wie Katzen, aber größer als Hunde. Es waren keine Wildkatzen, denn solche sehen wir oft in der Umgebung, sie waren viel größer und schwarz.«

»Damit«, meinte der *Schwarzwälder-Bote* im Juli 1978, »dürfte sich das Rätsel der ›Vogesen-Bestien‹ aufgeklärt haben. Vermutlich sind es schwarze Pumas oder Leoparden. Es ist leicht vorstellbar, daß die Tiere aus einem Zirkus oder gar Tiergarten ausgebrochen sind.«

Eine weitere Sichtung zweier großer schwarzer Katzen bei Lapotroie meldete *France Soir* am 5. September 1978, auch wenn das nur eine weitere Version der gerade genannten Beobachtung sein könnte. Im Januar 1979 hatte das »Tier der Vogesen« nach Versicherungsangaben Wildschäden in Höhe von 35 000 DM verursacht, also knapp 20 000 Euro – das Doppelte, wenn man die Kosten der Treibjagden mit einrechnete. Aber es blieb nun auch endgültig verschwunden. Ob Wolf, ob Panther, ob Puma, ob entkommen, wild oder ferngesteuert – es war ein höchst mysteriöses Raubtier, das nie gefangen werden konnte.

Das erste rein als Katze bezeichnete Geisterraubtier der Mosel spukte im Sommer 1983 im saarländischen Kreis Merzig-Wadern. Das war am 15. August 1983 selbst dem

Neuen Deutschland eine Meldung wert: »Das offenbar aus einem Zirkus oder Privatzoo ausgebrochene Tier streift durch die Wälder und setzt zahlreiche Bürger in Panik. Bisher konnte die Raubkatze nicht wieder eingefangen werden.«

Im April 1988 warnte die Polizei die Bevölkerung im Großraum Saarlouis vor einem »entlaufenen jungen Puma« im Gebiet der Gemeinden Ernsdorf und Schwalbach. Das Tier sei zum ersten Mal am Ostersamstag von einem Jäger, danach noch von weiteren Zeugen gesichtet worden. Trotz intensiver Fahndung durch Polizisten und Jäger konnte das Tier weder aufgespürt noch eingefangen werden.

Im Juni und Juli 1992 machte dann der Panther Gustav die Region um Saarbrücken unsicher. Mehrere Dutzend Beobachtungen »einer Raubkatze mit langem Schweif und schwarzem Fell« wurden gemeldet, ein Zoologe fand sogar »deutliche Pfotenabdrücke«. Gefangen aber wurde Gustav nie – bis auf das eine Mal, als am 13. August 1992 ein Autofahrer bei der Polizei anrief und einen toten »schwarzen Panther« am Rand der Autobahn 623 bei Friedrichsthal meldete. Hier lag tatsächlich ein Tierkadaver – ein überfahrener Riesenschnauzer.

Die letzte Welle von Katzenbegegnungen im Großraum Mosel konzentrierte sich ab 2009 auf Luxemburg. Die erste Sichtung wurde am 24. August 2009 aus dem französischen Departement Meurthe-et-Moselle gemeldet. Eine Gruppe Wanderer hatte eine »große Katze« im Wald beobachtet. Das französische Jagdministerium rückte an und fand eine Fährte mit Pfotenabdrücken »einer großen Katze«, vermutlich »eines schwarzen Panthers«. Nun gibt es eigentlich kein Tier namens »Panther«. »Panthera« ist für den Zoologen der Begriff einer Gattung, die fünf Arten umfasst, nämlich Tiger, Jaguar, Löwe, Leopard sowie Schneeleopard. Andererseits nennt man im Volksmund eine große schwarze Katze, ganz gleich, welcher Gattung oder Art, »Panther« (siehe BT VI). Bleibt die Erkenntnis, dass das Jagdministerium nicht wusste, wovon es sprach, oder dass dortige Experten die Haarfarbe einer Katze anhand ihres Pfotenabdrucks erkennen konnten. In der französischen Moselregion folgten noch ein weiteres Dutzend Sichtungen einer großen schwarzen Katze, eine von einem Biologielehrer. Es soll auch Berichte aus Belgien gegeben haben.

Dann erschien Ende Oktober ein »schwarzer Panther« im Südwesten Luxemburgs. Am 25. Oktober 2009 um 15.30 Uhr sah eine Frau das Tier im Industriegebiet von Bascharage (Niederkerschen). Nach Angaben des Polizeisprechers Vic Reuter spürten die

Beamten der Katze mit einer Hundestaffel nach, schickten einen Helikopter aus und setzten eine Thermalbildkamera ein. Aber auch eine stundenlange Suche ergab keine Spur von dem «Panther». Dennoch nehme die Polizei die Berichte »sehr ernst«, schließlich würden Sichtungen des Tieres ja bereits seit Wochen aus Frankreich immer wieder gemeldet.

Am 12. November 2009 verortete das Boulevardblatt *Bild* den Panther bei Aachen, wo es zwar nicht zu Sichtungen gekommen, wohl aber ein Schaf gerissen worden war. In Malmedy, keine 40 Kilometer von Aachen entfernt, hatte der Pilzsammler Jean-Claude Gabriel das Raubtier gefilmt. Erst hatte er gedacht, es sei ein großer Hund, dann aber gemerkt, dass es eine Katze war – 90 Zentimeter hoch, mit einem einen Meter langen Schwanz. Jetzt erklärte die Polizei, bei diesem Panther handle es sich um ein Tier, das im August seinem Halter in Amnéville, nördlich von Metz an der Mosel gelegen, ausgebüxt sei. Man habe seither 16 Beobachtungen erfasst.

Im Oktober 2010 war der Panther dann, wie die *Welt* am 20. Oktober 2010 titelte, in der Region Trier unterwegs: »Womöglich ist es der Panther, der seit Monaten durch Belgien und Deutschland streift.« Viermal hätten Augenzeugen, darunter Spaziergänger, ein Lastwagenfahrer und eine Zeitungsreporterin, seit Mitte August 2010 Begegnungen mit einem schwarzen Panther in den Wäldern im Ruwertal im Kreis Trier-Saarburg gemeldet.

Eine Zeugin erklärte: »Für ein Kalb war das Tier zu kompakt und für einen Hund zu groß.« Ein Lastwagenfahrer erkannte ein großes schwarzes Tier, das in zwei Sprüngen die Straße überquerte.

Axel Schmidt, Biologe bei der Oberen Naturschutzbehörde, nahm die Meldungen ernst: »Wir sind überzeugt, dass es diesen Panther tatsächlich gibt.« Nicole Scherer, Sprecherin der Struktur- und Genehmigungsdirektion Nord, erklärte: »Wir prüfen gerade, ob und wie wir das Tier finden können.« Auch der Förster Michael Gillert aus Waldrach glaubte den Augenzeugen: »Da scheint wirklich was dran zu sein, bei den vielen Meldungen. Mich rufen schon viele Leute an und fragen, ob sie denn noch in den Wald gehen können.« Besser nicht, riet er, »um sicher zu gehen.« *Der Spiegel* wusste sogar: »Der schwarze Panther [ist] nach Tigern und Löwen die drittgrößte Raubkatze der Welt.« Wenn es ihn nur gäbe. Aber so wie im Biologiebuch machte sich der Panther auch in der Wirklichkeit rar.

Die Obere Naturschutzbehörde des Landes gab den eigentlich unter Artenschutz stehenden »Panther« (denn alle Großkatzen sind geschützt) zum Abschuss frei – doch wie stets verschwand das Tier.

Der Panther mochte zum Abschuss freigegeben sein, allein, die Kunst bestand ja nicht darin, ihn zu treffen, sondern ihn überhaupt zu finden. Ein Video, das im Oktober 2010 von »einer großen schwarzen Katze« bei Trier aufgenommen wurde, zeigte ... einen Hund. Dann sei der »Panther« in Luxemburg fotografiert und von einem Experten des Forstamts als eine heimische Wildkatze identifiziert worden, wie das Luxemburger Blatt *L'Essentiel* am 28. Oktober 2010 berichtete.

Bis die nächste große schwarze Katze an der Mosel erscheint, bleibt das Tier erst einmal wie vom Erdboden verschluckt.

Seltsame Tiere und Tierwunder

Rätselhafte Tiere sind nicht nur Monster, selbst der kleinste Spatz kann sich seltsam benehmen, bedrohlich wirken oder auf irgendeine Art und Weise so ungewöhnlich sein, dass eine Begegnung mit ihm unvergesslich bleibt.

Wie eine Kröte im Stein

Können Tiere, die nach der Sintflut fest in Fels eingeschlossen wurden, Jahrtausende lang überleben? Diese Frage stellten sich Wissenschaftler im 19. Jahrhundert, denn sie fanden immer wieder versteinerte Tiere, die ja kaum etwas anderes sein konnten als Lebewesen, die während der Großen Flut ertrunken waren. Von manchen Tieren, etwa Kröten und Schildkröten, nahm man an, dass sie etliche Hunderte, vielleicht sogar Tausende Jahre lang leben konnten. Da bereitete die Vorstellung, man könne im Fels fast luftdicht eingeschlossen lebende Kröten finden, kaum Schwierigkeiten. Und tatsächlich wurden in jener Zeit mehrere Dutzend solcher Kröten bei Steinbrucharbeiten entdeckt. Wir wissen heute, dass Fossilien nicht von der Sintflut stammen – wie aber wollen wir dann die Existenz der Kröten erklären, die man damals fand?

Der Geologe Johann Steininger überlieferte 1820 in seinem Buch *Die erloschenen Vulkane in der Eifel und am Niederrheine* zwei Beispiele für das Phänomen, eines davon von der Mosel, genauer: aus den Mühlsteinbrüchen von Niedermendig bei Konz an der Mündung der Saar. Obwohl er einer der Pioniere der Geologie in Deutschland war, machte er noch keinen Unterschied zwischen einem Naturwunder und ganz gewöhnlichen Fossilien:

Die Nachricht, deren Wahrheit man mir in Niedermendig versicherte, daß im Jahre 1798 ein senkrecht stehender Baum auf dem Lavastrom in einer Grube gefunden wurde, welcher mit dem Bimssteine und dem aschenartigen Sande ganz überschüttet war, bestätigt und erhält Bestätigung von der angeführten Stelle [einer Meldung über eine Kröte im Stein]. Die Rinde des Baumes soll noch sehr kenntlich gewesen seyn, und man hielt ihn für einen Apfelbaum. Ich erzähle bei dieser Gelegenheit, was mir zugleich angegeben wurde, wiewohl es fast allen Glauben übersteigt, daß man in dem festen Mühlsteine auch eine lebende Kröte eingeschlossen gefunden habe; der Ort, wo die Grube gewesen, heiße davon noch die Krötenlöcher.

Der Ring im Fisch

Der amerikanische Schriftsteller, Philosoph und Humorist Charles Fort (1874–1932), der sein Leben lang Zeitungsmeldungen über unerklärliche oder scheinbar unerklärliche Ereignisse sammelte (weshalb solche Geschichten im englischsprachigen Raum ganz zu Recht »fortianische Phänomene« heißen), machte sich in seinem Buch *Wilde Talente* über manche der Meldungen, die er gefunden hatte, lustig:

Der Mann, der eine Perle in seinen geschmorten Austern fand – die alte Fiedel, die sich als Stradivarius entpuppte – der Ring, der im See verloren ging und dann entdeckt wurde, als man einen Fisch fing – das sind allesamt oft wiederholte Lügengeschichten und daher konventionelle Lügengeschichten.

Das einzige Beispiel der Mosel für den verlorenen und wiedergefundenen Ring ist denn auch eine konventionelle Sage, ähnliche Berichte aber tauchen nach wie vor in unseren Zeitungsspalten auf.

Karl Dittmarsch schreibt in *Des Moselthales Sagen, Legenden und Geschichten*:

Im Jahre 632 lebte am Hof des [...] Königs Dagobert ein Mann, allgemein geachtet und angesehen ob seines untadelhaften, fast heiligen Lebenswandels. Trotz aller Ehren, die man ihm indeß erzeigte, schwand nie der hohe Ernst von seiner Stirn, und in einsamen Stunden fand man ihn oft in Thränen. Eine geheime Schuld, vor Decennien [Jahrzehnten] begangen, durch Kasteiungen und zahllose Thränen gebüßt, war es, die den frommen Arnulph noch immer darniederdrückte. Wenn er schlief, trat sie in seinen Träumen, wenn er vor dem Altar kniete, in seinen Gebeten vor ihn. Da litt es ihn nicht länger mehr an dem geräuschvollen Hof; nach Trier [...] zog es ihn gewaltsam hin. In härenem Gewande, baarfuß langte er nach einer mühseligen Wanderung dort an. Das Volk der Trierer empfing ihn mit Freudengeschrei, denn auch schon hierher war der Ruf seiner Heiligkeit gedrungen. Die Ruhe des Gewissens, die er indeß hier gehofft, fand er nicht. So stand er eines Tages in Betrachtungen versunken auf der Moselbrücke und schaute gedankenvoll auf das Spiel der Wellen; da durchzuckte eine Ahnung seine Seele. Er sah die fast unergründliche Tiefe, das Toben der Fluthen und ein rascher Entschluß war gefaßt: »Vermagst du es, allgütiger Schöpfer«, rief er inbrünstig mit erhobenen Händen,»vermagst du es, mir meine Schuld zu vergeben, so offenbare Deine Verzeihung dadurch, daß Du mir diesen Ring durch eine wunderbare Fügung wieder zurücksendest. Alsdann soll meine Seele heiter sein.« Sprach's und schleuderte den kostbaren Reif in die Fluthen. Jahre vergingen; die Trierer hatten den heiligen Mann zum Bischof erwählt; da trat eines Abends ein fremder Fischer mit einem Fisch von seltsamer, niegesehener Gestalt vor ihn und überreichte ihm seinen Fang zum Geschenk. Arnulph dankte und befahl dem Koch, den Fisch zum Abendimbiß zu zerlegen; wer aber beschreibt sein Erstaunen, als der Diener nach wenigen Minuten in das Gemach stürzte und den Ring, den der Bischof vor Jahren in die Mosel geschleudert hatte, seinem Herrn überreichte. Das Entzücken soll diesen augenblicklich getödtet haben.

Trotz dieses Wunders erlöste also nur der Tod den selbstquälerischen Bischof!

Exotische Fische

Welcher Exot sich hinter der »riesigen rote Raupe« verbirgt, die 1985 dem französischen Zoologen R. Heu aus dem französischen Departement Meurthe-et-Moselle gemeldet wurden, lässt sich nicht so einfach klären. Das ist einfacher, wenn es sich um exotische Wasserbewohner handelt, die geangelt werden können.

Einundvierzig Fischarten haben Experten in der Mosel gezählt – und durch die Erderwärmung kommen immer neue hinzu. Derzeit warnen Ökologen vor der kaum 20 Zentimeter langen Schwarzmeergrundel, die – 2009 zum ersten Mal im Fluss festgestellt – schon im Sommer 2011 zur Plage geworden war. Der Fischer Harry Schneider aus Burg, einer von zehn Berufsfischern der Mosel, meinte: »Die Schwarzmeergrundel ist in diesem Jahr schlagartig und in Massen aufgetreten. Sie gefährdet den Bestand der für uns wichtigen Fischarten.« Und der Hobbyangler Werner Thiesen aus Reil fügte hinzu: »Der ist eine regelrechte Fressmaschine.« Bei zehn geangelten Fischen hinge neunmal eine Grundel am Haken: »Das macht keinen Spaß mehr.« Eingewandert ist der Fisch wohl über den Rhein-Main-Donau-Kanal erst in den Rhein und von dort in die Mosel.

Fremde Fische (auch wenn bislang noch kein Piranha geangelt wurde, wie im Rhein oder Neckar) sind allerdings nichts Neues in der Mosel.

Früher sollen sogar Flundern, eigentlich Meeresfische, öfter vorgekommen sein. Im August des Jahres 1818 wurde ein Exemplar in der Mosel bei Metz gefangen, ein Herr M. Schaeffer berichtete um diese Zeit, dass die Flunder manchmal bis nach Trier und weiter die Mosel heraufsteige, und im Oktober 1842 wurden auf dem Fischmarkt in Trier zwei lebende Flundern, die in der Mosel gefangen worden waren, angeboten.

*Die Flunder,
ein Meeresfisch,
soll früher in der Mosel heimisch gewesen sein.*

Fliegende Untertassen landen

Dass früher alles besser war, zeigen selbst UFO-Berichte. Heute sehen die Menschen kleine Lichter am Himmel, früher landeten diese Lichter, und Wesen vom Mars kletterten aus ihren schmiedeeisernen Raumschiffen. Wenngleich eher an der französischen als an der deutschen Mosel.

In Frankreich finden wir auch früher als in Deutschland die ersten ungewöhnlichen Himmelsbeobachtungen. Am 6. Juli 1952 wurden zwei »blaue Scheiben« über Thann im Elsass gesehen, knapp östlich der Moselquelle. Besonders intensiv aber tauchten »fliegende Untertassen« (und »Marsianer«, zu denen wir noch kommen) im Herbst 1954 an vielen Orten entlang der französischen Mosel auf. Das war allerdings kein auf den Fluss beschränktes Phänomen, die »Marspanik« des Jahres 1954 erfasste ganz Frankreich, und bis heute ist noch nicht ganz geklärt, was sich damals tatsächlich ereignete. Es kam zwischen September und November zu Hunderten, vielleicht sogar Tausenden von UFO-Sichtungen mit einem hohen Prozentsatz von nahen Begegnungen, Landungen und Beobachtungen von »Piloten«.

Am 10. Oktober 1954 war ein Mann abends noch mit seinem Motorrad in der Nähe von Charmes-la-Côte unterwegs, als das Licht seines Scheinwerfers plötzlich ein aluminiumfarbenes Objekt in Tellerform erfasste. Die Untertasse hatte oben eine Kuppel mit zwei Bullaugen, war aber recht klein: Ihr Durchmesser betrug bei einem Meter Höhe nur zwei Meter. Gleich, nachdem es vom Licht erfasst worden war, startete das Objekt senkrecht durch.

Am gleichen Tag erfasste der starke Scheinwerfer, den das Militär auf der Messe von Metz installiert hatte, abends um 21.10 Uhr plötzlich »eine funkelnde Christbaum-Kugel«. Die Experten schätzten ihre Höhe auf 30 000 Fuß und ihren Durchmesser auf 45 Meter.

Das Objekt blieb mehrere Stunden lang im Blick, nach drei Stunden, in denen es sich nicht bewegt hatte, wurde der Scheinwerfer wieder abgeschaltet. Die Wahrscheinlichkeit, dass es sich um einen Wetterballon gehandelt hat, ist kaum von der Hand zu weisen.

Am nächsten Morgen weckte ein pfeifendes Geräusch Bauern in dem Dorf Doncourt. Sie blickten erstaunt aus dem Fenster und sahen ein flaches Objekt am Waldrand stehen, das aber bald und schnell senkrecht abhob und davonflog. An der Stelle, an der die Untertasse »geparkt« habe, sei der Boden verkohlt gewesen.

Verglichen mit diesen sensationellen Meldungen sind die Sichtungen aus Deutschland – 1954 gab es an der Mosel keine einzige – eher langweilig.

»Eine riesige orangefarbene Kugel über dem Eurener Wald« sah etwa Peter Wirtz aus Trier um 12.35 Uhr nachts im September 1979, wie der *Trierische Volksfreund* berichtete. »Sie war größer als die Sonne, wenn sie untergeht. [...] Als ich die Beobachtung gemacht habe, herrschte reger Verkehr. Ich bin bestimmt nicht der einzige, der die orangefarbene Kugel gesehen hat.« Es meldete sich aber niemand sonst. Die Beobachtung ist typisch für einen kleinen Heißluftballon, ein Objekt, was oft schon für etwas Unerklärliches gehalten wurde.

Ebenfalls über Trier, genauer: bei Biewer, beobachteten mehrere Zeugen am 25. November 1981 um 6.50 Uhr am Himmel ...

... einen Flugkörper mit einem breiten, blau-grün feurig blitzenden Schweif. [...] Das Objekt bewegte sich auf einer fast waagerechten Flugbahn von Osten nach Westen. An seiner Spitze hatte der Körper helles Licht, das fast so hell und farbig wie das der Sonne war. Hinter sich zog er einen breiten Schweif aus ›blau-grünem Feuer‹ her. Dann verschwand das Objekt wieder und kam dann mit großer Geschwindigkeit ein zweites Mal hinter der Wolkendecke hervor, bevor es endgültig verschwand.

Dieses UFO wurde auch an anderen Orten Deutschlands bemerkt – es stellte sich heraus als Bolide, ein besonders heller Meteor.

Und um nichts anderes handelte es sicher bei dem UFO, das ein Zeuge »ungefähr 1986/1987« im Raum Trier/Trierweiler gesehen haben soll und das sein Cousin rund dreißig Jahre später im Internet meldete.

Vier oder fünf Jugendliche nachts auf dem Heimweg von irgendeiner Dorfdisco. Mein Cousin ist gefahren. Über einer Hügelkuppe soll plötzlich eine grellweisse Kugel aufgetaucht sein und dort minutenlang verharrt haben. Er musste deswegen anhalten, weil nichts mehr von der Straße zu sehen war. Die Kugel ist dann plötzlich in einem irrsinnigen Tempo seitlich weggeschossen.

In der Tageszeitung sei zu lesen gewesen, dass noch viele andere Menschen das Licht gesehen hätten und dass Astronomen es für einen Meteoriten hielten – wohl zu Recht, denn am 23. September 1986 wurde über ganz Europa, von Frankreich über Belgien und Deutschland, in den Morgenstunden ein extrem heller, grüner Meteor gemeldet.

Die meisten UFOs – Fachleute wie die Lüdenscheider Forschungsgruppe GEP gehen von 90 Prozent oder mehr aller Sichtungen aus – lassen sich konventionell erklären und sind auch bei Weitem nicht so sensationell, wie es in Science-Fiction-Filmen dargestellt wird. Neben Meteoren werden vor allem Satelliten (wie der kleine weiße, sich bewegende Punkt am Himmel, der plötzlich 5- bis 6-mal aufleuchtete, den ein Mann am 29. August 1998 über Greimerath beobachtete) für etwas Unerklärliches gehalten und ebenso die bereits genannten Modell-Heißluftballone; so etwa die, die am 28. Juni 2008 aus Trier als UFO gemeldet oder am 12. September 2009 über Zell registriert wurden: »bis zu 10 oder etwas mehr gelb-rötliche Lichtgestalten in einer Reihe lautlos über der Mosel hochfliegen. Es mag insgesamt 3–4 Minuten gedauert haben, manche der Lichter flackerten innenheraus, andere waren ganz stetig, aber dafür wie besonders hell«). Vor allem in den 1990er-Jahren gab es zahllose Beobachtungen von großen, milchigen, sich am Himmel wirbelnd drehenden Lichträdern, die auf sogenannte Sky-Tracker zurückgingen, an die niedrige Wolkendecke projizierte Lichtstrahlen aus Diskos oder bei Festen. Eine typische Beobachtung erfolgte am 16. November 2007 bei Prüm. Hier bemerkte der Augenzeuge nachts um 23.10 Uhr in rund 100 Metern Höhe einen »intensiven Lichtkranz, der den Himmel abzuscannen schien« und der aus einem »Kreis großer runder Lampen« bestand, die sich hin und her drehten.

Jüngst haben sich Drohnen unter die Sichtungsverursacher gemischt. Die Drohnen, die – natürlich verbotenerweise – über französische Kraftwerke gelenkt wurden, sind nur ein Beispiel, so der Miniatur-Helikopter, der am 19. Oktober 2014 über das Atomkraftwerk Cattenom flog und große mediale Aufmerksamkeit erhielt (im Anschluss daran überwachten französische UFO-Fans die Anlage und sahen am 10. November 2014 ein weiteres »UFO«, ein Licht wie eine Neonröhre, so lang wie ein Daumen bei ausgestreckter Hand, das aus Süden kam und geradlinig im Norden verschwand – so schnell wird aus einem Flugzeug ein Raumschiff!). Auch das »UFO«, das am 6. November 2015 in Koblenz-Karthause auf ein Grundstück stürzte, war eine Drohne. Die Hausbesitzerin hatte Angst und verständigte die Polizei, weil es »blinkte und summte«.

Allerdings ist es mit der Erklärung nicht immer so einfach. Am 21. Februar 1990 sahen zwei Zeugen auf der Fahrt nach Koblenz-Karthause »plötzlich zwei Lichter« auf sich zukommen: »Die Lichter kamen von schräg oben auf uns zu, und wurden immer größer.« Die Zeugen stellten das Auto an. »Wir sahen vier Lichter, 3 gleichfarbig große. Das Mittlere größer, Farbe wechselnd. Die Grundfarbe war aber immer grau-blau. Die wechselnden Farben, ähnlich einer spiegelnden Kugel, wie sie in Diskotheken benutzt wird. Das Objekt hatte deutliche und klare Umrisse und blieb ca. 2–3 Minuten über uns stehen, und verschwand dann plötzlich.« Die Zeugen zeichneten eine Art fliegendes Dreieck, der UFO-Untersucher Walter Kelch konnte eine weitere Zeugin finden, die sich zur selben Zeit auf dem Zubringer von der A 61 auf die A 48 befand. Die Forscher der GEP stuften diese Meldung als »problematisches UFO« ein, weil die Möglichkeit bestand, dass es sich um einen Hubschrauber gehandelt haben könnte.

Spannend klingt auch ein Bericht des portugiesischen Bauarbeiters Manuel D. R. Er fuhr am 23. Dezember 2003 für letzte Weihnachtseinkäufe nach Koblenz und befand sich gerade nur wenige Meter vom Deutschen Eck entfernt, als er ein Zischen hörte. Erst sah er eine Lichtkugel, die sich ihm näherte, dann ein fliegendes Objekt, das wohl das Zischen erzeugte. Das UFO, eine Untertasse, hatte einen Durchmesser von 15 bis 20 Metern und leuchtete so hell, dass ihm die Augen schmerzten. »Das Ufo schwebte etwa eine halbe Minute bis Minute in gleicher Position bleibend etwa 50–100 Meter über der Mosel, bis es linksseitig abdrehte und im Nachthimmel Richtung Westen sich entfernte.«

Ein Zeuge, der anonym bleiben wollte, gab gegenüber der GEP an, er habe im Jahr 2007 ein riesiges, ovales Objekt beobachtet, das auf einer Weide auf der Konz gegenüberliegenden Moselseite stand. Es hatte beleuchtete Fenster.

Je sensationeller die Meldungen, desto einsamer die Zeugen. Gerade am Deutschen Eck sollte man am Tag vor Heiligabend noch weitere Augenzeugen erwarten. Das muss aber nicht auf einen Schwindel hindeuten. Es könnte auch der Fall sein, dass besonders auffällige und schwer zu erklärende Begegnungen um vieles subjektiver erlebt werden als die Sichtungen etwa von Meteoren, die immer von zahlreichen Zeugen gemeldet werden.

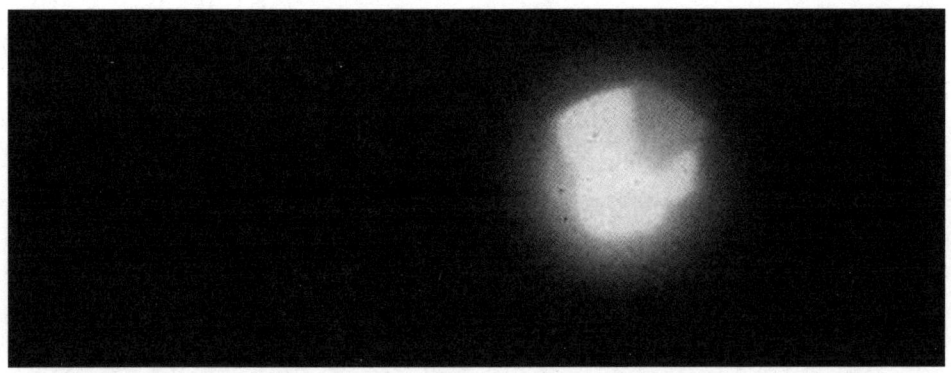

Der Miniatur-Heißluftballon im Flug – einer der häufigsten Auslöser für einen UFO-Alarm.

Auch wenn das öffentliche Interesse am Thema längst erlahmt ist, so sehen doch immer noch Menschen ganz unerwartet etwas, das sie sich nicht erklären können. Um 19.35 Uhr an einem Oktobertag 2013 fuhr eine Frau auf der Straße zwischen den Orten Dhron und Papiermühle (bei Neumagen), als sie ein fliegendes Objekt sah, das sich über ihr schnell hin und her bewegte.

Von diesem Flugobjekt ging ein sehr heller, runder Lichtstrahl aus in Richtung des anliegenden Waldes. Der Lichtstrahl soll extrem hell gewesen sein und sie erzählte das es innerhalb des Strahls gefunkelt hätte. [...] Dachte erst man könnte alles mit einem Hubschrauber erklären aber meine bekannte ist fest davon überzeugt dass es kein Hubschrauber war, weil es sich extrem schnell hin und her bewegt hätte! Außerdem soll das Objekt von dem der Strahl ausging in etwa eine zigarrenform gehabt und es soll wesentlich größer als ein Hubschrauber gewesen sein! Die Sichtung dauerte etwa 10–20sekunden bis das Objekt plötzlich spurlos verschwand. [Rechtschreibung und Zeichensetzung wie im Original]

Genau am Sichtungsort befindet sich der Flugplatz Neumagen-Dhron.

Und der Strom der Beobachtungen reißt nicht ab. Am 2. August 2014 meldete ein 51-jähriger anonymer Zeuge, er habe rund zehn Minuten lang in großer Höhe »ein kleines schwarzes Objekt [über Trier gesehen], das langsam in nordöstliche Richtung flog.« Am 18. Mai 2016 um 16.03 Uhr fotografierte eine Wildkamera »zwei kleine Objekte über Thomm« östlich von Trier und am 17. Juli 2016 war es ein »goldenes Licht«, das über Trier-Filsch beobachtet wurde. Das Licht stand unbeweglich über einem Feld, stieg plötzlich in die Höhe und verharrte dort erneut. Es bewegte sich hin und her, intensivierte seine Helligkeit, begann zu pulsieren – und verschwand. Innerhalb von nur einer Woche – zuerst am 31. Juli um 18 Uhr über Kehlen in Luxemburg und am 2. August am Abend über Arzfeld – wurde im Sommer 2016 nur sekundenlang eine Lichtkugel mit Strahl erspäht und sogar fotografiert – der Landescheinwerfer eines Flugzeugs in den Wolken, ein Meteor oder sogar etwas Unerklärliches? Am 3. September 2016 schließlich zogen sieben bis zehn Lichtpunkte über Koblenz-Neuendorf nach Osten über den Himmel, wie zehn Augenzeugen erklärten.

Begegnungen mit Aliens

Für viele der UFO-Beobachtungen lässt sich eine einfache Erklärung finden. Das trifft auf Begegnungen mit Außerirdischen nicht zu, obwohl Soziologen, Psychologen und Volkskundler viele Faktoren benannt haben, die dazu führen können, dass selbst ganz gewöhnliche Erlebnisse, werden sie erst einmal durch die UFO-Brille gedeutet, zu komplexen Alien-Erzählungen führen können.

Als die fliegenden Untertassen im Herbst 1954 landeten, stiegen Marsianer aus. Rund ein Dutzend Berichte über Beobachtungen von UFO-Piloten liegen aus dem Departement Moselle vor, doch nur eine ereignete sich in Flussnähe.

Am 9. Oktober 1954 spielten drei Kinder bei Pournoy-la-Chétive bei Nancy, als sie »eine seltsame Maschine« aus dem Himmel kommen und landen sahen. Daraus stieg »ein kleiner Mann«. Eines der Kinder erzählte:

> Am Himmel sahen wir etwas leuchten. Es war eine runde Maschine mit einem Durchmesser von 2,5 Metern. Sie landete fast direkt vor uns. Der Apparat hatte schwarze, gelbe und weiße Streifen und stand auf drei Beinen. Wir warteten eine oder zwei Minuten lang und ein Mann stieg aus. Er hielt eine Laterne in der Hand, aus der Lichtstrahlen kamen. In der anderen Hand hatte er ein Leuchtobjekt in Form eines Kreuzes. Der Mann hatte große Augen, ein behaartes Gesicht und war sehr klein, vielleicht 1,20 Meter hoch. Er trug eine schwarze Kutte wie der

Pfarrer. Er blickte uns direkt in die Augen. Wir hatten Angst, konnten uns aber nicht bewegen. Er sagte etwas in einer Sprache, die wir nicht verstanden. Er löschte seine Lampe und wir rannten weg. Danach sahen wir etwas am Himmel leuchten, aber es verschwand rasch.

Fast ebenso bizarr ist die Geschichte, die das deutsche Boulevardblatt *Bild* am 20. Juli 1983 unter der Überschrift »Mann (45) von UFO-Männchen entführt?« abdruckte. »›Kleine Männer mit spitzen Ohren haben mich entführt‹, erzählte ein Franzose (45), der von seinem Campingplatz bei Metz einige Stunden verschwunden war. ›Kurz vor Mitternacht sah ich eine glänzende Kugel, die lautlos schwebte. Dann gab es einen starken Sog. Ich wurde in die Luft gesaugt. Mehr weiß ich nicht.‹«

Solche »Entführungen« waren in den 1990er-Jahren nicht eben selten, sie drangen aber oft erst durch Hypnose in die Erinnerung oder waren so vage, dass es sich auch um Träume handeln konnte. Zwei Geschichten von der Mosel sind einem breiteren Publikum bekannt geworden.

Bei der ersten Geschichte würde es sich um die früheste UFO-Sichtung von der Mosel handeln, das Abenteuer wurde aber erst viel später, nämlich in den 1980er-Jahren, erzählt.

Unser Held ist der Mainzer Grafiker Hans P. Klotzbach. Weil er in Luxemburg arbeiten wollte, hüpfte er auf das Trittbrett eines Zuges, der am 25. Mai 1948 zwischen Igel und Wasserbillig verkehrte. Um den Grenzposten auszuweichen, sprang er über dem Grenzfluss Sauer von der Bahn – und verlor voller Schmerzen das Bewusstsein. Als er wieder erwachte, so erzählte er, blickte er in ein blaues, dann grünes Licht. Er wähnte sich im Jenseits, erfuhr aber, dass er an Bord einer fliegenden Untertasse lag. Die Aliens berichteten ihm von ihrer friedlichen Welt namens Plandor und ließen ihn auch vom mitgebrachten Obst kosten. Später nahmen sie ihn sogar auf ihren Heimatplaneten mit. 1991 veröffentlichte Klotzbach ein Buch über seine Erlebnisse: *Besucher vom Planeten Plandor*.

Weniger freundlich waren die kosmischen Besucher, denen eine amerikanische Familie 1978 bei Trier begegnet sein will. Der Soldat Chris Owen fuhr mit seiner schwangeren Frau Pam und ihrem Baby Brian mit dem Auto nach Hause, als alle ein großes, ovales Flugobjekt über dem Auto schweben sahen. Als sie zu Hause ankamen, merkten sie, dass ihre Fahrt dreimal so lange gedauert hatte wie sonst. Pam – wohl beeinflusst von den damals üblichen UFO-Büchern – vermutete, sie könnte entführt worden sein, und ließ sich hypnotisieren.

Unter Hypnose wusste sie denn auch von einem Aufenthalt im außerirdischen Raumschiff zu erzählen. Jetzt erlebte sie, wie sie aus dem Auto zu dem UFO hochschwebte und plötzlich auf einem Tisch in einem Raum mit fahlem Licht lag. Zwei 75 Zentimeter kleine haarlose Wesen mit einem großen Kopf, ebenfalls großen, tiefliegenden Augen und rauer, grüner Haut schoben ihr eine acht Zentimeter lange Nadel oberhalb des Nabels in den Unterleib, nicht ohne ihr versichert zu haben, dass ihrem Mann und ihrem Baby nichts geschehen werde.

USO

Ein UFO unter oder auf dem Wasser nennt man »USO«, vom englischen *unidentified submerged object* oder *unidentified submarine object,* »unidentifiziertes Tauchobjekt«. Aus Deutschland gibt es nur wenige Meldungen solcher Objekte, aber von der Mosel wurden einige Begegnungen berichtet, die gerade noch in eine weit gefasste Definition dieser Art von USOs fallen.

Im Forum der Internetseite »Wahre X-Akten« wollte eine »melanieunicorn« am 5. März 2005 wissen, ob ihr jemand helfen könne:

> ... habe letztens nachts was seltsames beobachtet und frage mich, was es gewesen sein könnte. [...] Ich bin gegen zwei uhr nachts mit dem auto an der mosel entlang gefahren. die strecke ist sehr kurvig, und der fluss war links von mir. der uferstreifen zwischen fluss und straße ist unterschiedlich breit, von ca. 5 bis vielleicht 200 m (würde ich schätzen). rechts von der straße sind einige, recht steile und mit weinreben bepflanzte hügel. ich bin um eine recht scharfe kurve rumgefahren- und habe plötzlich ein seltsames, intensiv orange leuchtendes, großes »ding« gesehen. es sah aus wie die karosserie von einem auto, und es sah so aus als ob aus das licht aus der karosserie kam und unter und über dem »auto« herauskam. obendrüber waren drei orange leuchtende punkte zu sehen. ich hab es nur sehr kurz gesehen (war ja am autofahren) und weiß nicht, ob es sich auf dem fluss oder dem ufer befand. ich hatte den eindruck dass es sich auf dem ufer befindet und sich langsam auf mich zu bewegt. ich konnte nichts erkennen, was auf eine spiegelung auf dem wasser hindeutet. ich konnte das licht (nicht aber die lichtquelle) noch zwei kurven weiter im rückspiegel sehen. [Rechtschreibung und Zeichensetzung wie im Original]

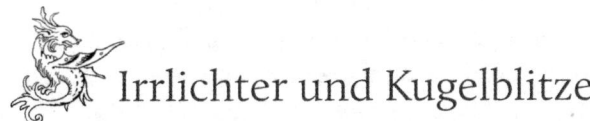

Irrlichter und Kugelblitze

Was wir – und unsere Medien – heute unter dem Oberbegriff UFO oder fliegende Unter-tasse kennen, hatte in früheren Zeiten ganz unterschiedliche Namen. Man raunte von Totenkerzen, Kugelblitzen, Irrlichtern und manch anderem Seltsamen. Die Wissen-schaftler fassten früher sämtliche atmosphärischen Erscheinungen, selbst Hagel, Schnee, Regen und Regenbogen, unter dem Begriff »das Meteor« zusammen, und Meteore wa-ren auch sämtliche Lichterscheinungen in der Luft, nicht nur die außerirdischen Stein-brocken, die in der Atmosphäre verglühen.

Einige der merkwürdigen Himmelslichter hat die Wissenschaft der Meteorologie und der Astronomie erklärt und entzaubert, darunter die Meteore, Meteoriten, das Nordlicht und verschiedene Blitzsorten. Trotzdem werden auch heute noch eigenartige helle Erscheinungen gemeldet – nicht nur als UFO, sondern auch als Kugelblitz.

Der geheimnisvolle Kugelblitz

Der Kugelblitz, eine grell leuchtende Lichtkugel von Kindskopfgröße, die bei Gewittern erscheint, durch Häuser rollt und schließlich mit einem gewaltigen Knall explodiert, ist als Phänomen wissenschaftlich nach wie vor umstritten. Aus der Moselregion liegen lei-der nur wenige Fälle vor.

Einer davon soll sich im 19. Jahrhundert bei Traben ereignet haben.

An einem schönen Sommertag saß ein wunderhübsches Mädchen der Familie Meesen an ihrem offenen Feuer beim Stricken. Sie war so mit ihrer Arbeit und ihren Gedanken beschäftigt, dass sie den aufkommenden Sturm über den Bergen nicht wahrnahm, bis ein Donnerschlag das ganze Haus erschütterte. Indem sie hastig aufsprang, bemühte sich das »Fräulein« das Fenster zu schließen, aber ehe sie das noch tun konnte, schlug ein Kugelblitz ein, traf das Metall der Schnüre, die ihr Mieder hielten, drang durch ihre Gewänder, schmolz die Metallhäkchen ihrer Strumpfbänder und teilweise ihrer Schuhschnallen – und dann, ohne das Fräulein verletzt zu haben, verschwand er über den Fußboden.

Möglicherweise mit dem Kugelblitz verwandt könnte das Phänomen gewesen sein, das am 3. November 1825 im Moseltal bei Thionville beobachtet wurde. Nach einem Bericht der Londoner Zeitung *The Times* vom 30. November des Jahres habe sich während eines Sturms im Forst von Calenhoven eine »Wolke aus Feuer« gezeigt, die dann von Nord nach Süd über den Horizont zog. Der Erscheinung sei »tiefste Finsternis« gefolgt.

Irrlichter

Angesichts dieser mageren Ausbeute bei Kugelblitzen ist die Sammlung an Irrlichtern schon größer, wenn es sich auch fast nur um sagenhafte Erzählungen handelt. Irrlichter sind kleine, blaue Flämmchen, die über Sümpfen und Mooren tanzen. Früher hielten die Menschen sie für die Seelen der im Fegefeuer schmorenden Menschen, die auf Erlösung harrten, aber auch dämonisch gesinnt sein konnten und Menschen in den Morast und den sicheren Tod lockten. Die heutige Wissenschaft erklärt sie als Verbrennungen von aus Verwesungsprozessen entstehendem Methangas. Allerdings sind sie in Deutschland kaum noch zu sehen, weil die Sümpfe trockengelegt worden sind. Überprüfen lässt sich daher kaum, was theoretisch recht plausibel wirkt.

In den Sagen sind Irrlichter fast immer beseelt. Ob das daher kam, dass ein Methanflämmchen zurückwich, wenn sich ein Mensch näherte, ob das Flackern sie wie lebendig wirken ließ oder ob es sich bei einem Irrlicht eben um etwas anderes als eine reine chemische Reaktion handelt, das lässt sich schwer sagen.

An der Mosel nannte man Irrlichter »Traulichter«. Sie wurden dort auch nicht nur über Wasser gesehen, sondern kamen der Sage nach ebenso über trockenem Grund vor, etwa bei Saarburg-Körrig oder Trier-Longuich.

Das Traulicht von Schengen (Luxemburg) war ein böser Geist. Nikolaus Gredt schreibt in dem *Sagenschatz des Luxemburger Landes:* »In Schengen suchte ein Traulicht einen Mann in die Mosel zu verlocken. Dieser merkte noch zu rechter Zeit den Betrug und warf einen Stein ins Wasser. Da klatschte das Traulicht in die Hände.«

Ein anderer Mann begegnete einem Irrlicht bei Neuhaus nahe Trier, wie Matthias Zender 1935 in seinen *Volkssagen der Westeifel* überliefert, die zahllose Augenzeugenberichte von Traulichtern enthalten, allerdings aus einem weit über die Eifel gestreuten Gebiet.

In diesem Fall kam der Augenzeuge »mal abends spät von Trier über Neuhaus. Da hat er ein Traulicht vor sich gesehen. Er hat die Pferde getrieben, um dabei zu kommen, weil er hat gemeint, es wäre Dunst. Aber auf einmal war es fort gegen den Wind. Der Mann hat das mal per Gelegenheit unserm alten Pastor erzählt; der wollte haben, das wären Dünsten.«

Kurz gesagt: Hier wurde das Irrlicht bereits für ein natürliches Phänomen gehalten. In anderen Geschichten bei Zender, die unter anderem aus Prüm und vom Niederrhein stammen, verwandelt sich ein Irrlicht dagegen in ein Männchen, in einen der bösen, dämonischen Zwerge.

Wie soll man die drei Lichtlein von Thann (siehe BT IX), dem Elsässer Ort knapp westlich der Moselquelle, einordnen?

Ein treuer Jünger des St. Theobald, des Bischofs von Eugubine in Umbrien, trug den Ring des verstorbenen Heiligen mit sich in seinem Wanderstock.

Im Juni 1161 kam er in's Elsaß und vertiefte sich in die Wälder eines Thales, das damals noch dunkle Tannen bedeckten, welche jetzt nur noch die Höhen der Vogesen krönen. Müde von der Reise lehnt der Pilger am Abende eines schwülen Tages den Stock an einen Fichtenbaum, unter dem er sich zur Ruhe niederlegt. Aber o Wunder, als er den Stab wieder ergreifen wollte, um die Reise fortzusetzen, ließ sich derselbe nicht von dem Stamme trennen, mit dem er sich vereinigt hatte, und auch die zu Hülfe gerufenen Landleute vermögen nicht den Stab abzulösen, ohne den Baum zu schädigen, der in besonderem Ansehen stand, weßhalb sie ihn nicht fällen wollten. In der Nacht aber gewahrte aus der benachbarten Engelsburg der Herr von Ferrette drei Flammen über dem Gipfel der Fichte, welche den geheimnißvollen Stab des Pilgers festhielt. Des andern Morgens kam der Graf mit seinem Gefolge herangezogen. Er hörte die Erzählung des Pilgers, kniete nieder und betete. Da löste sich die Rinde und alle Anwesenden erblickten die Reliquie, von welcher der Pilger berichtet hatte. Dem heil. Theobald aber ward hier eine Capelle erbaut und der Pilger wurde in die Engelburg aufgenommen.

Noch gegenwärtig wird die Gründung Thanns festlich gefeiert. Am Tage des heil. Theobald zieht eine Prozession dreimal durch die Stadt. Des Abends stellen sich die Geistlichen und Beamten an die Spitze des Zuges, vor welchem Kerzen und drei Baumstämmchen getragen werden, welche oben mit brennbaren Sprossen versehen und angezündet werden, um die drei Flammen darzustellen, welche einst Graf Ferrette über der wunderbaren Fichte bemerkte. Das Volk sucht sich nun, wenn das Geläute der Abendglocke beginnt, eifrig der geweihten Feuerbrände zu bemächtigen, denn nach dem Glauben der Menge ist das Wasser, in dem diese Brände abgelöscht werden, heilsam gegen verschiedene Gebrechen und Krankheiten. Komischerweise aber werden auf die Leute, welche sich um die geweihten Brände streiten, durch Pumpen reichliche Wasserstrahlen gerichtet, was natürlich das Gelächter der zahlreichen Zuschauer erregt.

So erzählt Franz Hoffmann 1869 im *Neuen deutschen Jugendfreund für Unterhaltung und Veredlung der Jugend*. Hier sind die Flammen, sonst ein Irrlicht, ein himmlisches Zeichen – der Vorfall könnte also auch im Kapitel über religiöse Erscheinungen stehen.

1931 veröffentlichte der Okkultforscher Ernst Alt – selbst Augenzeuge des Phänomens – seinen Aufsatz »Das Lichtlein« in der *Zeitschrift für Spagyrik*. Er sammelte vor allem Augenzeugenberichte aus dem Trierer Raum. Das Irrlicht sei, so stellte er fest, eine kopfgroße Feuerkugel, die »auch einmal mit beherzten Leuten gesprochen habe«. Er betrachtete das als »den zeitweiligen Uebergang vom Licht zum Gespenst«.

Himmlisches Wunder, leuchtendes Männchen, Dünste – Augenzeugen wissen kaum, was ein Irrlicht ist, und selbst dem skeptischsten Betrachter fällt es schwer, das Ganze für ein rundum erklärbares Phänomen zu halten. Die einzige Feststellung, die sich treffen lässt, ist die, dass Menschen Flämmchen sehen, die sie sich nicht erklären können.

Meteore

Meteore und Meteoriten, also kosmische Steinbrocken, die auf die Erde stürzen, waren früher eine unheimliche und einschüchternde Erscheinung, bis der deutsche Physiker Ernst Florens Friedrich Chladni Anfang des 19. Jahrhunderts die noch unserer Tage akzeptierte Erklärung für die Feuerkugeln und Lichtblitze am Himmel fand. Mancher Augenzeuge, der einen Meteor am Himmel verglühen sieht, denkt ja heute, es handele sich um ein außerirdisches Raumschiff.

»Am 22. November [1845] 5 ½ h Abends wurde eine Feuerkugel in Württemberg (Amlishagen), dessgl. zu Würzburg und Trier gesehen.« (*Jahreshefte des Vereins für vaterländische Naturkunde in Württemberg*, 1855) Zu der Sichtung in Trier weiß *Der Pilger – Commerzielle belletristische Zeitschrift* am 10. Dezember 1845 mehr:

Baiern. In Würzburg und gleichzeitig in Trier wurde am 22. November Abends halb 6 Uhr wieder ein Meteor wahrgenommen. Die *Trierer Zeitung* beschreibt dasselbe als eine Feuerkugel mittlerer Größe, die von dem Planeten Venus aus in westlicher Richtung einen Bogen von 15 Grad beschrieb, und sich während ihres Laufs sechs- bis achtmal vervielfältigte, indem sie beim Voranschreiten an den verlassenen Stellen Kugeln von gleicher Größe und ähnlichem Glanze zurückließ. Diese verschwanden ohne zu platzen.

Der Bolide, so nennt man solche Meteore, löste sich also beim Verglühen auf. Heute spricht man von einem Mutterschiff, das kleine UFOs ablässt!

Was aber war die »Feuerkugel«, die im Juni 1846 über Frankfurt, Darmstadt, Mannheim, Aschaffenburg und Koblenz gesehen wurde? Vielleicht ein Meteor, möglicherweise ein Nordlicht. Das *Regensburger Tagblatt* berichtete am 26. Juni 1846:

Koblenz, 22. Juni. Gestern Abend um halb 10 Uhr wurde bei hellem, wolkenleeren [sic] Himmel ein von Westen nach Osten hinfahrendes und dann mit einem Geräusche verschwindendes Meteor beobachtet, das, von blendend rothem Glanze, den ganzen Horizont wie ein bengalisches Feuer plötzlich durchleuchtete. [...] Dieses merkwürdige, die hiesige Bevölkerung überraschende Meteor deutet auf anhaltende grosse Hitze, wie sie vielleicht seit Menschengedenken in unserer Zone nicht erlebt wurde.

Im Oktober schon folgte die nächste Himmelserscheinung. Die *Frankfurter Ober-Post-Amts-Zeitung* vom 20. Oktober 1846 schildert sie wie folgt:

Koblenz, 18. Oct. Gestern Abend bemerkte man hier ein Meteor von seltener Helle und Größe. Es war 6 Uhr und 20 Minuten[,] als bei schon eingetretener Dunkelheit die auf der Rheinrücke noch auf- und abgehenden Leute durch eine plötzliche Helle wie beim Vollmond überrascht wurden und am Himmel in der Richtung von Westen nach Osten eine hell leuchtende Kugel von der Größe einer 50pfündigen Bombe dahinfliegen sahen. Kurz vorher[,] ehe das Meteor am östlichen Horizont hinter den Bergen in der Richtung der Pfaffendorfer Höhe verschwand[,] erschien es eirund und das Licht ging ins Grünliche über, während einige in demselben Moment einen Strahlenschweif bemerkt haben wollen, in welchem sich auch eine regenbogenähnliche Farbenmischung gezeigt habe. Die Erscheinung dauerte einige Secunden und die Entfernung des Meteors schien sehr beträchtlich.

Zum selben Phänomen brachten die Blätter aus Frankfurt und Darmstadt ähnliche Berichte.
   Ein sich spaltender Meteor wurde 1857 beobachtet. So meldete 1858 die Zeitschrift *Natur und Offenbarung:*

Herr Dr. Schnitzler in Trier schrieb mir: »Am 17. December, Abends 12 Minuten vor 5 Uhr sah ich ein hellleuchtendes Meteor, welches in der Richtung von Südwesten durch Norden nach Nordosten ging. Dasselbe war von gelblich weißem Lichte. Eingezogene Erkundigungen von glaubwürdigen Personen, ungefähr 10 an der Zahl, welche südlich von Trier waren, stimmen sämmtlich darin überein, daß das Meteor von jenseits der Mosel über Trier herüber kam, die Größe einer sechspfündigen Kanonenkugel hatte und daß sich nachher von dieser eine kleine lostrennte.«

Über eine »Feuerkugel vom 17. August 1859« schreibt die *Wochenschrift für Astronomie, Meteorologie und Geographie* am 18. Januar 1860:

Herr Besselich schreibt aus Trier vom 18. August: »Gestern Abend 11 Minuten vor 9 Uhr fiel eine sehr imposante Feuerkugel in der Richtung von Osten nach Norden. Der Neigungswinkel der Bahn gegen den Horizont mag 30° betragen haben. Die Kugel blieb 3 Sekunden sichtbar; noch 2 Sekunden nach ihrem Verschwinden zeigte ein feuriger Streifen ihre Fall-Richtung an. Das Meteor bestand in einer äusserst hellen feurigen Kugel, welche in der Form eines cometenartigen Schweifes einen Feuerregen auswarf. Die Licht-Intensität kann nur mit einer ausgezeichneten Cometenerscheinung verglichen werden. Wie bei schönem Sommerabende ein starkes Wetterleuchten den Horizont erleuchtet, so erhellte dies Meteor blitzartig den abendlichen Himmel. Letzterer war fast wolkenleer, die Luft windstill. Die Grossartigkeit der Erscheinung verursachte, dass das Meteor in den Strassen der Stadt vielfach wahrgenommen wurde.«

In einem Buch mit dem selbsterklärenden Titel *Die grosse Feuerkugel, welche am Abende des 4. März 1863 in Holland, Deutschland, Belgien und England gesehen worden ist* führt Eduard Heis 1863 einen Bericht auf, der zeigt, wie noch damals Meteore übernatürlich gedeutet wurden: »In der Gegend von Trier hiess es im Volke, es sei an jenem Abende über dem Dorfe Ruwer ein feuriges Kreuz vom Himmel gefallen.«

Am 20. April 1865 erschien über Metz »eine prachtvolle Feuerkugel. [...] An Glanz kam die Feuerkugel dem Monde gleich.« Aber bereits im Februar des Jahres war auf der rechten Rheinseite gegenüber der Moselmündung bei Koblenz ein besonderes Himmelsobjekt erschienen:

Am 15. Februar Abends 6 Uhr wurde von der Höhe bei Pfaffendorf (Koblenz) ein sternförmig strahlendes Meteor gesehen, welches scheinbar über Koblenz in der Richtung von N. nach S. mit einem Winkel von etwa 45° niederfuhr. Die scheinbare Grösse war die 1 1/2 —2 fache der jetzt am Abendhimmel im vollen Glänze stehenden Venus; die Farbe des Lichtes schwefelgelb; es schien sich sonderbarerweise unterhalb der Wolkenschicht zu bewegen. (*Zeitschrift für Naturwissenschaften*, 1865)

Am Abend des 21. November 1895 erhellte ein Meteor Teile Belgiens und der damaligen Preußischen Rheinprovinz. Sichtungen wurden aus Court-Saint-Étienne, Herenthals und Ixelles in Belgien gemeldet, aber, so schreibt die astronomische Zeitschrift *Sirius* 1896, auch von der Mosel:

Aus Perl geht uns von einem sehr zuverlässigen Beobachter die Nachricht zu, dass die Feuerkugel auch dort wahrgenommen wurde, ziemlich tief am östlichen Himmel und einen grossen, vielfarbigen Schweif hinter sich ziehend. Mehrere Augenzeugen wollen ein Geräusch wie das Zischen einer Rakete vernommen haben. Bei Nennig sah man die Kugel in ostwestlicher Richtung, senkrecht auf die Mosel zu. Das Meteor verschwand in Perl ziemlich in der Mitte des Himmels in westlicher Richtung.

Ein ganz besonders großer Meteor, fast schon ein UFO, erschien am 20. November 1899 und wurde an vielen Orten in Deutschland gesichtet. Bei einer großen Zahl von Beobachtern ging die Schätzung über die Zeit des Ereignisses weit auseinander, sie lagen zwischen 20.30 Uhr und 20.50 Uhr. Auf der Utrechter Sternwarte wurde S. L. Veenstra Zeuge, er stoppte die Zeit präzise auf 20 Uhr, 38 Minuten und 38 Sekunden. Die »scheinbare Größe« des himmlischen Besuchers schätzte er »gleich des Mondes« – also eigentlich riesig. Ein Zeuge, der das Spektakel von Illingen bei Saarbrücken aus betrachtete, kam sogar auf einen scheinbaren Durchmesser von 15 Zentimeter! Das ist mehr als das Sechzigfache des Vollmondes!
Die Zeitschrift *Sirius* führt auch einen Augen- und Ohrenzeugen von der Mosel an:

Ein in Trier wohnender Beobachter schreibt: »Ich sah das Meteor auf dem Wege vom Bahnhof Speicher über das Dorf Röhl nach dem Dorfe Mötsch. Ich befand mich zwischen diesen beiden Ortschaften und hatte bereits die Höhe bei dem Röhler Pflanzengarten überschritten, als ich durch das plötzliche Erscheinen eines sehr grossen Meteors völlig geblendet wurde. Die Nacht war buchstäblich etwa 4 Sekunden lang tageshell erleuchtet. Als ich aufblickte, erschien mir das Meteor hoch zur linken Seite. Dasselbe schien sich in der Richtung auf Bitburg, oder genauer ausgedrückt, etwa auf den westlichsten Stern im Sternbilde des grossen Bären hin zu bewegen und dabei eine Richtung nach unten zu haben. Der Körper hatte einen roten Schweif hinter sich, etwa in dreifacher Länge seines Durchmessers. Dieser Schweif blieb noch etwa zwei Sekunden sichtbar, nachdem das Phänomen verschwunden war. Etwa 5 Min. später erscholl von der Richtung her, nach welcher das Meteor sich bewegt hatte, ein gewaltiger Knall, welchen ich unter anderen Umständen für einen Schuss in den dortigen Steinbrüchen gehalten haben würde.«

Nordlicht

So selten, wie man glauben könnte, sind Nordlichter in Deutschland nicht. Und sie erregten in früheren Zeiten häufig Schrecken.

Bei dem Polarlicht, das sich am Heiligen Abend anno 1299 über Trier zeigte, machte das Datum die Erscheinung sicherlich noch geheimnisvoller. Die Chroniken des Erzbischofs von Trier überliefern das Auftauchen mehrerer »Kometen«, wir dürfen aber nicht verlangen, dass Menschen vor 700 Jahren unsere Begriffsdefinitionen anwendeten. Die »Kometen« erschienen kurz nach Mitternacht, leuchteten und verschwanden wieder in der eisigen Winternacht:

In der Finsternis selbst erschien ein Komet von der Größe des Mondes, als hinge er in der Luft, er war von feuriger Röte und verschwand nach einer Stunde. Und erneut, nach einer kurzen Pause, erschienen gleichzeitig zwei Kometen kurz voneinander entfernt, sie waren von der gleichen Farbe und Größe wie der frühere, sie verschwanden aber sofort. Nach einiger Zeit, einer kurzen Stunde, erschien wieder einer, genauso von Farbe und Erscheinungsbild wie die Vorgänger, der ebenfalls sofort verschwand.

Ähnlich sensationell scheint das Nordlicht aus dem Jahr 1820 gewesen zu sein. Man muss immer bedenken, dass Menschen damals keine Fernseher hatten und ein Nordlicht nicht sofort als solches identifizieren konnten. Sie schildern flackernde Flammen und Feuerbälle am Himmel.

In der Nacht vom 11ten Mai 1820 stellte sich den Augen der mit dem Maifischfang beschäftigten Fischer zu Neuendorf bei Koblenz [linkes Rheinufer] eine merkwürdige, seltsame Naturerscheinung dar. Gerade als die Thurmuhr anfing Mitternacht zu schlagen, verbreitete sich ein solches Feuer am Firmament, daß sie davon verblendet wurden, und glaubten, der Horizont lodere in feuriger Lohe; als dieses Feuer einige Minuten gedauert hatte, zog sich dasselbe auf einen Punkt zusammen, bildete sich eine Kugel von der Größe einer Haubitze, die hinten einen ellenlangen feurigen Schweif hatte; die Kugel fuhr nun in unglaublicher Geschwindigkeit, unter gewaltigem Prasseln und Zischen, den Schweif hinten in horizontaler, etwas nach oben gekehrter Lage, in der Richtung nach Andernach zu, hin, und verschwand in den Gebirgen. Sie hörten nun während 10 Minuten ein Krachen und Donnern ans den Gebirgen, welches endlich langsam verhallte. Der Himmel war indeß wieder, wie vor der Erscheinung, heiter und gestirnt. (J. H. Bergmann: *Jahrbuch der Zeitgeschichte,* 1820)

1832 war es ebenfalls kein einfacher Meteor, wie das *Journal für Chemie und Physik* rapportiert, sondern ein Nordlicht. Es erschien über Trier und verhielt sich fast so wie die »Kometen« von 1299:

Herr Oberlehrer Grossmann in Trier hatte die Güte, mir Nachstehendes über die feuerigen Erscheinungen vom 12. auf 13. November mitzutheilen: »Auch hier und in der Umgegend und, so viel ich habe erfahren können, bis zur französischen und belgischen Grenze hin, haben sich in der Nacht vom 12. auf den 13. November feuerige Meteore eingestellt. Ungefähr von Mitternacht an bis gegen 7 Uhr Morgens war die Atmosphäre sehr häufig wie von Wetterleuchten, oft wie von Blitzen erleuchtet. Es erschienen aus mehreren Gegenden, besonders aus N und SW[,] helle leuchtende Kugeln von verschiedener Grösse, die nach allen Richtungen, auch oft auf- und niederwärts, bogenförmig oder gegen einander flogen. Die grösseren Kugeln schienen sich oft zu theilen, sprüheten zu allen Seiten unzählige sternschnuppenartige, weit hin schimmernde Strahlen aus und erzeugten eine Art Feuerregen. – Drei Bauern, die in dieser Nacht von Zerf, einem 4 Stunden südsüdöstlich von Trier gelegenen Dorfe, mit Holzwagen gekommen, hatten, auf der ziemlich weiten Strecke über den Hochwald, das Phänomen fortwährend zu ihrem grössten Schrecken vor Augen gehabt. Einer von ihnen, ein siebenzigjähriger Greis, konnte sich bei seiner Ankunft in Trier noch nicht wohl davon erholen. Es ist übrigens hier bekannt, dass die Leute dieses Dorfes sich nicht leicht vor etwas fürchten.«

Erneut über Koblenz – allerdings auch über weiten Teilen Europas – wurde das Nordlicht am 18. Februar 1837 gesehen. Christoph Rösler mit seinen *Gemeinnützigen Blättern zur Belehrung und Unterhaltung: als gleichzeitige Begleiter der vereinigten Ofner und Pester Zeitung* vom 9. März 1837 übernimmt das Wort:

Naturkunde. Das am 18. Februar im größten Theile von Europa bemerkte Phänomen, welches man fast allgemein für ein gewöhnliches Nordlicht hielt, ist wahrscheinlich durch das zurückgeworfene rothe Licht des Planeten Mars, welcher an diesem Abend hinter dem Monde durchpassirte, hervorgerufen worden. Frankfurter Blätter enthalten hierüber folgendes Schreiben aus Koblenz vom 21. Febr. »Da die Astronomen diesen Durchgang schon früher angekündigt hatten, und das bekanntlich rothe Licht des Mars eine außerordentliche Erscheinung vermuthen ließ, so stellte Einsender [sic] dieses [sic] schon des Abends gleich beim Erscheinen des Mondes seine Beobachtungen an. Gegen 7 ½ Uhr, als der Mars noch in einiger Entfernung vom Monde abstand, zeigte sich gegen Osten eine schwache Röthe, die sich aber bis 8 Uhr zum schönsten Purpurroth erhoben und nach Norden verbreitet hatte, ohne jedoch den Horizont zu berühren. Nach 9 Uhr, auf einige Zeit durch leichtes Gewölk geschwächt, erhob sich die Röthe wieder, und um 11 Uhr 7 Minuten, wo der Mars hinter den Mond trat, dehnte sie sich immer mehr nach Westen aus, und endlich um 12 Uhr bis nach Südwesten, so daß sie sich nun von Osten üder [sic] Norden und Westen nach Südwesten in einem fast ringförmigen Streifen verbreitete, wovon der Mond in ziemlicher Entfernung den Mittelpunkt bildete. Um halb ein Uhr, als der Mars wieder zum Vorschein kam, hörte die Erscheinung auf. Bemerkenswerth ist noch, daß die in der Nähe befindliche Venus, durch das Fernrohr beobachtet, während des Durchganges des Mars das brillanteste rothe Farbenspiel darbot.«

1852 gibt es erneut ein Polarlicht über Koblenz. Dass die Stadt so oft genannt wird, kommt wohl auch daher, dass sich hier ein preußischer Militärstützpunkt befand und man die Umgebung besonders aufmerksam beobachtete. Die *Landshuter Zeitung* berichtete am 27. Februar 1852:

Koblenz, 20. Febr. Am gestrigen Abende, in der Zeit von halb neun bis ein Viertel vor neun Uhr, hatten wir hier bei ganz hell gestirntem Himmel das Phänomen eines prachtvollen Nordlichtes. Der ganze Horizont von Westen bis beinahe Osten erglänzte im schönsten dunkelrothen Feuer, so daß die Leute erschrocken und anfänglich glaubten, es sey ein bedeutender Brand irgendwo ausgebrochen. Es zeigte sich jedoch bald, daß die Erscheinung ein Nordlicht sey, dessen intensivstes Licht in der Gegend von Nordwesten war.

Gallertmeteore – kosmische Besucher oder irdische Schleimpilze?

Unsere Vorfahren fanden immer wieder, wenn sie morgens nach der Sichtung einer Sternschnuppe über eine Wiese gingen, seltsame weiße, schleimige Brocken, die sie für den Rest eines auf die Erde gefallenen Sterns hielten. In den frühen Tagen der Erforschung der Meteoriten wusste man noch nicht, ob es sich vielleicht tatsächlich um kosmische Materie handelte. Sprach das Volk von Sternen, die vom Himmel gestürzt waren, oder von Überresten von Elfenfesten, nannten die Wissenschaftler das Phänomen »Gallertmeteore« und die Hinterlassenschaft »Meteorgallerte«.

Zwei Fälle stammen aus Koblenz. In seinem klassischen Werk *Über den kosmischen Ursprung der Meteorite und Feuerkugeln* (1794) erwähnt Ernst Florens Friedrich Chladni, der Mann, der belegte, dass Meteoriten überhaupt Besucher aus dem Weltall sind, den ersten, leider undatierten Fall. In einer Auflistung dutzender Beispiele solcher Gallertmeteore finden wir einen darüber, dass man nach der Beobachtung einer Feuerkugel »zu Koblenz nachher eine graue schwammige Masse gefunden zu haben versichert, die flüchtiges Alkali enthielt und einer Schwefelleber ähnlich war.«

Die Beobachtung eines weiteren Gallertmeteoriten entnehmen wir aus einem Brief, den Robert Philips Greg an Prof. Baden-Powell schrieb. Greg, ein früher Meteoritenforscher, der im 19. Jahrhundert einen berühmten Katalog von Meteoritensichtungen und -funden zusammenstellte, schildert darin den Bericht eines deutschen Bekannten, der in Begleitung eines weiteren Zeugen in der Nacht des 8. Oktober 1844 bei Koblenz spazieren ging. Beide sahen ganz in ihrer Nähe einen Leuchtkörper zu Boden gehen. Gregs Bekannter kehrte am nächsten Morgen zu der Landestelle zurück und fand dort »eine graue, gallertartige Masse«.

Heute zählt kein Astronom diese Funde, die je nach Region »Sternrotz«, »Sumpfbutter« oder (in keltischen Gegenden) *pudre ser* genannt werden, zu den Meteoriten. »Sternrotz« gilt als Eileiter von Amphibien, die Greifvögel ausgewürgt haben, »Sumpfbutter«, früher für fossile Milch gehalten, bezeichnet heute eine Art Schleimpilz. Dass solche Funde nach Sichtung eines besonders auffälligen Meteors gemacht werden, schreibt man dem Zufall und der Erwartungshaltung zu: Die Augenzeugen suchen am Morgen nach ihrer Beobachtung nach Resten des »Sterns«. Das könnte tatsächlich zutreffen. So manche dürre Stelle im Gras wurde erst deshalb zu einer »UFO-Landespur«, weil nach einer Sichtung Zeugen ddort nach einer Bestätigung ihrer Wahrnehmung suchten.

Schon Chladni hatte übrigens seine Zweifel, auch wenn er zu einer heute ebenfalls abgelehnten Erklärung griff – dass es sich nämlich bei Meteorgallerte um ausgebrannte Irrlichter handeln könnte. Er meint dazu:

> Nun könnte es wohl seyn, (wenn keine Täuschung vorgefallen, und das Gefundene nicht etwa Koth von Vögeln, oder Schaum von Cicaden oder andern Insekten, sondern würklich die Substanz der Sternschnuppe gewesen ist,) daß solche lockere Massen in der Atmosphäre, obgleich in keiner solchen Höhe, wo man Feuerkugeln beobachtet hat, sich anhäufen, und sodann niederfallen, oder noch wahrscheinlicher, daß sie mit den Irrlichtern gleiche Entstehung haben, und ganz unten aus schleimigen, durch die Fäulniß aufgelösten vegetabilischen, oder animalischen Theilen entstehen.

Die weiße Frau – Stich von Émile Vernier zur gleichnamigen Oper (La dame blanche).

Spuk und Gespenster

Gespenster und Spuk sind ein komplexes Thema. Im Gegensatz zu Großbritannien ist in Deutschland der Glaube an Geister fast völlig ausgestorben, die Erscheinung eines Gespenstes macht hierzulande kaum Schlagzeilen und höchstens ein Spuk- oder Poltergeistfall schafft es einmal in die Medien.

Dabei lassen sich solche Erscheinungen durchaus unabhängig vom Wahrheitsgehalt des Erzählten untersuchen – mit zum Teil erstaunlichen Ergebnissen. Der englische Volkskundler Jeremy Harte hat zum Beispiel herausgefunden, dass es bis etwa zum Zeitpunkt des Jahres 1700 keine Spukgeschichte gibt, bei der ein Gespenst aus der Vergangenheit auftaucht, also ein römischer Legionär oder ein mittelalterlicher Ritter. Bis dahin waren alle Spukgestalten, die gesehen wurden, erst kürzlich verstorben oder sogar noch am Leben.

Eine andere Untersuchung wollte herausfinden, wann Geister und Gespenster am häufigsten erscheinen. Der Parapsychologe Andrew MacKenzie untersuchte in seinem Buch *Ghosts and Apparitions* (1982) das vorliegende Material aus Großbritannien statistisch. Demnach wurde rund ein Drittel aller Erscheinungen kurz vor oder kurz nach dem Einschlafen wahrgenommen – ein Hinweis darauf, dass es sich um sogenannte hypnagoge Halluzinationen handeln könnte. Darunter versteht man Wahrnehmungsstörungen, die rund 10 bis 30 Prozent der Bevölkerung regelmäßig erlebt und die auf die Prozesse zurückzuführen sind, durch die das Gehirn eingehende Sinnesinformationen verarbeitet. Das zeigt: Geister erscheinen tatsächlich zu bestimmten Zeiten, die Vorstellung, was genau ein Gespenst ist, ändert sich im Lauf der Zeit und wer angibt, einem Gespenst begegnet zu sein, muss keineswegs lügen, sondern kann ein ganz normales, wissenschaftlich deutbares, für ihn aber ganz und gar unerklärliches Erlebnis gehabt haben.

An der Mosel fehlt es nicht an traditionellen Geistergeschichten, die aber präzise genug erzählt werden, dass man möglicherweise wahrhaft erlebte Erfahrungen als Auslöser annehmen kann. Praktisch jede Sammlung von Sagen der Mosel enthält Spukgeschichten. Die bekannteste ist wohl die vom Maurus von Kues. In seinen *Sagen des Rheinlandes* erzählt Otto Schell:

> In einem Walde bei Kues treibt ein Spuk sein Wesen. Allerlei Schabernack verübt er. Es soll der Geist des Bösen Maurus aus Kues sein, der zu seinen Lebzeiten ein schlimmer Saufkumpan war. Sein Weib litt viel von dem rohen Menschen. Als Maurus einst am heiligen Pfingsttag schwer betrunken war, fiel er und starb. Zur Strafe für sein gotteslästerliches Leben muß er nun umgehen. Seinem eigenen Leichenzug soll er vom Fenster seines Hauses nachgesehen haben. Man hörte den Geist oft, sah ihn aber niemals. Endlich war man seines Treibens müde und ließ ihn in den nahe bei Kues gelegen [sic] Wald verbannen.

Dass Maurus seinen eigenen Leichenzug sah, erinnert an die Erzählungen von der Wilden Jagd, der immer auch bereits die Geister derer folgen, die im vergangenen Jahr gestorben sind oder im nächsten Jahr noch sterben werden.

Aus der Hunsrückgemeinde Immert im Landkreis Bernkastel-Wittlich stammt eine Sage, die die *Zeitschrift für deutsche Mythologie und Sittenkunde* 1853 aufzeichnete:

> Bei Immert auf der haide erscheint zuweilen nachts ein gespenstiges heer, mit bogen ausgerüstet. das heer ist mit seinem könige in die erde versunken, weil es mit dem himmel krieg führen wollte und dagegen schoß. einige sagen, das schießen sei bei einem gewitter geschehen, andere, man habe mit dem himmel kämpfen wollen, weil alle andere feinde besiegt waren und der stolz den könig verblendet habe. [Rechtschreibung und Zeichensetzung wie im Original]

Um 1098 erschien dem Bischof von Trier ein Gespenst, wie Philipp Julius Rehtmeyer 1722 in seinem Buch *Braunschweig-lüneburgische Chronica* schildert:

> Es begab, sich aber, daß dem Bischof zu Trier in der Nacht ein Gespenst im Schlaf vorgekommen, und denselben also angeredet: »Ich bin St. Autor, der vor dir zu Trier ein Bischof

gewesen, und bin vor 87 Jahren von dannen alhier von der heiligen Gertrud mit großer Demuht geholet, und will nun diese Stadt (wie ich in meinem lieben Trier wider die Hunnos) auch mit meiner Fürbitte bey GOtt wider alle ihre Feinde beschützen, undanliegende Noht abwenden, so lange GOtt dem Allmächtigen, und mir allhier gebührliche Ehre und Dienste geschehen. Derhalben sage dem großmächtigen König Philippo, daß er binnen wenig Tagen von dieser Stadt abweiche, denn wo er sich solches zu thun weigert, soll er eines erbärmlichen Todes, als er an dem Landes-Knechte, so mein Closter beraubet, gesehen, auch sterben.« Darnach ist dis Gespenste, so einem Bischof gar ähnlich soll gewesen sein, verschwunden. Man hat auch in der Stadt oben auf der Mauren nach dem Lager einen, so eines Bisschofs Habit angehabt, und ein blinckendes Schwerdt in der rechten Hand geführt, nicht ohne Verwunderung gesehen. Es sagen etliche, daß das Gespenste die Kugeln, so aus der Feinde Lager nach der Stadt geschossen, sollte wieder zurücke geworfen haben. Aber das ist ein Gedicht, denn wie Philippus Mel. in seiner ersten Chronicken so unter Carionis Namen teutsch ausgangen ist, anzeiget, sind die Büchsen erstlich A. 1308. das ist, in die 210. Jahr nach diesem Gesichte erfunden. Man sagt auch, daß zwei Eheleute auf der breiten Straße in Licent Melchior Krügers Haus sollen gewohnt haben, denen GOtt vor andern um ihrer Frömmigkeit willen, dis Gesichte soll offenbart haben, und dahero sollen ihre Bilder in Steine gehauen noch heute an den Hause stehen, aber hievon laß ich einem jeden halten, was er will. [Rechtschreibung und Zeichensetzung wie im Original]

Hundert Jahre später spielt eine andere, wohl symbolisch gedachte Gespenstergeschichte:

Im Hochsommer 1197 [so das *Taschenbuch für die Vaterländische Geschichte* 1844] begegnete an der Mosel einigen Wanderern eine ungeheure Menschengestalt auf schwarzem Rosse. Die Wanderer flüchteten mit Schaudern. Allein das Gespenst holte sie ein, sprach ihnen Muth zu, erzählte, es sei König Dieterich, der in Verona über die Ostgothen geherrscht, – es würden viele Unglücksfälle, namentlich der Tod des Kaisers übers Land kommen. Damit ritt das Gespenst in die Mosel und verschwand, aber die Todespost Heinrichs VI. hinkte auf dem Fuße nach.

Caesarius von Heisterbach überliefert um 1220 zwei zeitgenössische Geschichten, die beide als wahr angesehen wurden.

Die erste Geschichte wirkt konventionell und verstört doch: »Von einem Mönch des heiligen Eucharius erzählt man, daß er nach seinem Tode ein ganzes Jahr auf einem Felsen bei Trier gestanden und dort die Unbilden der Witterung ertragen habe.« Wenn es ein Gespenst war – warum sollte ihm da Regen und Frost etwas ausmachen?

Den zweiten Bericht führe ich in der Version von Franz Xaver Kraus aus *Der heilige Nagel in der Domkirche zu Trier* (1868) an:

Unter der Regierung des nämlichen Erzbischofs Johann I. soll sich auch folgender Vorfall ereignet haben, den uns Cäsarius von Heisterbach und aus ihm Brower berichtet.

Der Ritter Heinrich, aus vornehmem Geschlecht entsprossen und Nodus zubenannt, hatte lange ein lasterhaftes Leben geführt und war endlich nach vielen Verbrechen des Raubes, Ehebruchs, Meineids und der Blutschande ferne von der Vaterstadt auf dem Meinfelde [Maifeld] unbussfertig gestorben. Nach seinem Tode erschien er Vielen: namentlich aber wurde das Haus seiner Tochter durch häufige Erscheinungen beunruhigt, indem schwarze Schatten von grässlicher Gestalt sich den zitternden Einwohnern vor Augen stellten. Nachdem die Anverwandten alle menschliche Hülfe vergebens angewandt hatten, und weder das Kreuzeszeichen noch die Schärfe des Schwertes das Gespenst verscheuchten, nahmen sie auf Anrathen ihrer Freunde zuletzt ihre Zuflucht zu dem Erzbischofe von Trier und baten ihn um Hülfe. Dieser gab ihnen den Rath, mit Wasser, das über den Nagel des Herrn gegossen worden, das Haus, des Ritters Tochter und das Gespenst selber, wenn es erschiene, zu besprengen: nachdem dies geschehen, war das Haus alsbald von der schrecklichen Gestalt befreit.

Interessanterweise ging Ritter Heinrich »in einem Schafspelz« um – ein Werschaf?

Im 16. Jahrhundert, der Zeit der Konfessionskonflikte, wurde ein gruseliges Ereignis aus Winningen (siehe BT V) gemeldet.

Zu Ende des 16. Jahrhunderts (1593) ward der unglückliche Ort von einem schweren Uebel heimgesucht. Eine Pest brach in diesem Jahr aus und wüthete furchtbar unter den Einwohnern. Damals riefen die Bigotten unter den Katholiken der Umgegend: »Da seht die Strafe des Himmels für die Abtrünnigen.« Wirklich mochten wohl Viele, welche noch nicht recht fest im neuen Glauben waren, wieder schwankend werden. Eine Jungfrau, aus welchem Geschlecht, darüber schweigt die Sage, wendete sich wieder der katholischen Lehre zu. Alsbald wurde sie von ihren ehemaligen Glaubensgenossen verstoßen und mußte kärglich ihr Leben in einer einsam stehenden Hütte vor dem Städtchen fristen. Hier starb sie nach wenig Monden, allein ihr Geist hatte keine Ruhe. Er beunruhigte fortwährend die Bewohner des Dorfes und die Schiffleute bekreuzten sich erschrocken und tauchten rascher die Ruder in die Fluch, wenn das »weiße Weibchen« zu nächtlicher Stunde ihnen vom Ufer zuwinkte. Vergebens suchten die berüchtigsten Geisterbanner den Spuk zu beschwören, alljährlich am Todestag erschien er wieder an dem Ufer der Mosel. Endlich in der aufgeklärtern Periode des 18. Jahrhunderts schien er Ruhe gefunden zu haben. Da hieß es plötzlich nach Verlauf langer Jahre wieder, das »weiße Weibchen« habe sich sehen lassen. Eines Nachts stürzten die Weiber, welche in dem Fluß noch spät die Wäsche spülten, laut schreiend in das Städtchen. Der ganze Ort gerieth in Aufruhr, niemand wollte sich nach 10 Uhr mehr an die Mosel wagen. Vorbeifahrende Schiffer bestätigten die Aussage und so war denn der Spuk wieder in vollem Gang. Allein die Zeiten des Aberglaubens und der Gespensterfurcht waren nicht mehr. Ein Paar herzhafte Burschen beschlossen, der Sache auf die Spur zu kommen. Sie versteckten sich hinter eine Mauer und warteten in Ruhe der Dinge[,] die da kommen sollten. Das Gespenst zögerte auch nicht lange sich zu zeigen. In ein langes weißes Gewand gehüllt, schritt es eine Zeitlang gravitätisch am Ufer auf und ab, dann nahm es seinen Weg gerade auf die Mauer zu, hinter welcher sich unsere Herzhaften versteckt hielten. Schon wollten diese das Hasenpanier ergreifen, als sich die Scene veränderte. In einer Vertiefung der Mauer ließ der Geist sein Gewand fallen und stand nun höchst prosaisch, als Hans Felden, einer der lustigsten Burschen des Städtchens, vor den Augen der Späher. Eben war er im Begriff sich über den nächsten Gartenzaun zu schwingen, als diese hervorsprangen und den Kameraden, der sie schon so lange geäfft, mit nervigen Fausten packten. Da waren alle Ausreden vergebens und Hans gestand auch alsbald, daß die schöne Rose, die einzige Tochter des reichen Pächters Treumund, ihn zu der Verkleidung bewogen. »Da der Vater«, schloß der muntere Gesell, »es nicht leiden mochte, daß ich sein Töchterlein am Tage schatzen [lieben] durfte, so mußte ich es ja wohl als weißes Weibchen bei Nacht thun.«

Und Karl Dittmarsch, aus dessen *Des Moselthales Sagen, Legenden und Geschichten* von 1840 diese zuerst unheimliche und dann rationale Spukgeschichte stammt, fügt angesichts seiner Bildung noch ganz überlegen hinzu:

Damit endet denn auch die Gespenstergeschichte vom weißen Weibchen, welche die guten Winninger so lange in Athem gehalten. Der Leser wird mir verzeihen, wenn ich ihm einmal etwas erzähle, was nicht so eigentlich in's Bereich der »Romantik« gehört, allein gerade solche Volkssagen sind oft am besten geeignet das Treiben der Niedern Klasse zu charakterisiren.

Der »Spuk zu Auw«, einer Gemeinde bei Prüm, ist schwer zu klassifizieren und hätte auch im Kapitel über religiöse Phänomene einen legitimen Platz gefunden. Dort trat der Pfarrer Dichter 1709 seinen Dienst an. Es kamen Menschen zu ihm, die sich vom Teufel besessen wähnten, der Priester führte den Exorzismus durch. Die Besessenen erzählten ihm von vergrabenen Reliquien, der Pfarrer schürfte nach und brachte Märtyrergebeine und ein Gnadenbild ans Tageslicht. Das Generalvikariat Trier ließ die seltsamen Vorgänge in Auw prüfen, Weihbischof von Eyss billigte die Exorzismen, doch schließlich entschied sich Trier um und enthob den Pfarrer Ende 1714 seines Amtes. Die der Kirche so unangenehmen Vorgänge machten den Wallfahrtsort Auw beim Volk allerdings populär.

Zahlreiche unheimliche Begegnungen wurden im 18. Jahrhundert vom Schloss Ehrenbreitstein (siehe BT IV), gegenüber der Moselmündung bei Koblenz, gemeldet. Drei sind besonders spannend, weil sie den Begegnungen mit Gespenstern eine Art »rationale« Begründung, wenn auch nicht Erklärung, geben.

Am Dreikönigstag 1701 soll der Kurfürst Johann Hugo von Orsbeck, der Erzbischof von Trier, sich von der Mitternachtsmesse in sein Studienzimmer zurückgezogen haben, wie er es gewohnt war. Stets schlich er kurz vor Abschluss der Messe in die Kapelle zurück. An diesem Tag aber wurde er aufgehalten. Als er zurückkehrte, waren alle bereits gegangen, nur die Kerzen brannten noch. Da traten durch die Tür zur Sakristei drei Priester in den Kirchenraum und setzten sich schweigend. »Fahrt fort!«, rief der Kurfürst von der Empore, sie aber entgegneten: »Einer fehlt noch.«

Der Kurfürst ging in die Kirche und begegnete einem Mann in Kutte. Der zog die Kapuze vom Gesicht – und war er selbst! Der erschrockene Erzbischof sah noch eine Prozession in die Kapelle treten, die aus seinen verstorbenen Verwandten bestand. Tatsächlich sei er dann genau zehn Jahre später, auf den Tag, verstorben.

Die Geister sind hier Botschafter, keine willkürlich aufflackernden Erscheinungen. So verhält es sich auch mit den weiteren Gespenstern von Schloss Ehrenbreitstein.

Am 16. November 1767 renovierten Arbeiter die Wintergemächer für den Kurfürsten Johann-Philipp von Walderdorff. Jeden Morgen kontrollierte der Erzbischof das Voranschreiten der Umbaumaßnahmen, an jenem Tage aber fand er einen der Maler bewusstlos zu Füßen der Leiter liegen. Erst am nächsten Tag war der Maler gesund genug, um zu berichten, was ihm widerfahren war. Als er seine Arbeit verrichtete, so erzählte er, sei ein grauer Mann eingetreten, der einen scharlachroten Umhang getragen und von dem er zuerst nicht groß Notiz genommen habe. Dann aber habe der graue Mann zu ihm hochgesehen und gesprochen: »Deine Arbeit ist umsonst. Der, in dessen Diensten du stehst, wird hier nie einziehen.« Da sei er ohnmächtig geworden.

Im August 1785 machte ein Wachposten in der Ehrenbreitstein eine unheimliche Beobachtung. Er stand im dunklen Flur, als flackernde Lichter auf ihn zukamen. Sie wurden von Pagen getragen, und vor ihnen schritt der Kurfürst einher, leichenblass. Die seltsame Prozession betrat die Kapelle, deren Türen sich wie von selbst öffneten. Dabei hörte der verängstigte Wachmann keinen einzigen Fußtritt. Dasselbe wiederholte sich in der darauffolgenden Nacht. Diesmal war der Wachmann bereits darauf gefasst und blickte in die Kapelle, die taghell erleuchtet vor ihm lag, dort krönten drei Bischöfe einen vor ihnen knienden Mann. Kurz darauf traf die Nachricht ein, dass Kaiser Franz I. verstorben sei. Den ihm folgenden Kaiser, Joseph I., krönten tatsächlich drei Bischöfe, und der Erzbischof von Trier, sein Kurfürst, gehörte zu ihnen.

Der Übergang vom 18. zum 19. Jahrhundert liefert uns zwei recht sensationelle Begegnungen mit ungewöhnlichen Spukgestalten.

So soll 1797 an der Mosel bei Remich in Luxemburg eine »glühende Kutsche« erschienen sein. Und 1813 schwebte ein feuerspuckender Bock über dem Heringer Schloss bei Wasserbillig in der Luft!

In der sogenannten Franzosenzeit, zwischen 1794 und 1813/1814, soll sich im Abteigebäude von Mesenich ein Spukfall zugetragen haben, der Bericht darüber ist aber legendenhaft ausgeschmückt. Nach der Zeitschrift des *Vereins für rheinische und westfälische Volkskunde* von 1906 soll es im dortigen Kelterhaus »nicht gar geheuer« gewesen sein. Als die Franzosen die Moselregion besetzten, quartierten sie sich in der ehemaligen Abtei ein und brachten ihre Pferde im Kelterhaus unter.

Aber bald verspürten auch sie den nächtlichen Spuk in dem Kelterhause und waren morgens oft schweisstriefend. Kein Franzose hätte es bei noch so viel versprochenem Gelde gewagt, nach Eintritt der Dunkelheit das Kelterhaus, ihren jetzigen Pferdestall, zu betreten, denn der »Djabel« [diable = »Teufel«] sei darinnen. Als sich dieser »Djabel« immer mehr und mehr bemerklich machte, da entschloss sich eine Frau, die unter dem Namen »Schoofts-Wäsche« im ganzen Orte bekannt war, recht fromm lebte und jeden Abend an die Heiligenhäuschen beten ging, das Gespenst zu bannen. Nachdem sie sich eines Morgens recht von ihren Sünden gereinigt, man die hl. Kommunion empfangen und den ganzen Tag mit Fasten und Beten zugebracht hatte, begab sie sich des Abends allein in das Kelterhaus. Was dort vorgegangen, wie sie nach Bullay gekommen ist, kein Mensch hat es je erfahren. Nur der dortige Fährmann erzählte später, dass diese »Schoofts-Wäsche« nachts gekommen sei und hätte von ihm verlangt, über die Mosel gesetzt zu werden. Der »Ferge« habe den Nachen nehmen wollen; die Frau aber verlangte, dass er die Ponte [eine breite Fähre] nehmen müsse, was er schliesslich denn auch getan habe. Aber kaum sei diese Frau auf die Ponte gekommen, so sei das Fahrzeug so tief eingesunken, dass das Wasser fast in die Ponte gekommen sei. Noch nie habe der Ferge eine so schwere Last übergesetzt und noch nie mit solchen Gefahren die Mosel überquert, wie diesmal, so dass ihm der Angstschweiss auf der Stirne geperlt habe und er durchnässt gewesen, als er das jenseitige Ufer mit knapper Not erreichte. Nachdem er sich dann dreimal bekreuzte und die Frau die Ponte verlassen und diese wieder aus dem Wasser in die Höhe gegangen sei, habe er erleichtert aufgeatmet und gesagt: »Das war etwas Übernatürliches.«

Seit der Zeit sei der Teufel aus dem Kelterhaus verschwunden, so heißt es. Die Geschichte vom Fährmann, der übernatürliche Wesen übersetzt, die sein Boot ins Wasser drücken, ist in der gesamten Rheingegend verbreitet (solche Wesen sind unter anderem die deutschen Kaiser bei Speyer und Zwerge bei Leverkusen und St. Augustin nahe Bonn). Aber vielleicht hat man im Kelterhaus zu Mesenich damals tatsächlich Gespenster gesehen.

Wir erreichen das zwanzigste Jahrhundert. Reine Geistererscheinungen sind jetzt rar, dafür werden Poltergeister gemeldet – Dinge bewegen sich wie von selbst, es knallt und poltert, kratzt und scheppert. Moderne Parapsychologen gehen bei solchen Fällen von

»spontaner Psychokinese« aus, mittels der ein Medium, meist ein pubertierender Heran-
wachsender, seine ungeklärten internen Konflikte austrägt. Früher hielt man die Geister
von Verstorbenen, Zwerge oder Dämonen für die Schuldigen am geheimnisvollen Krach.
Skeptiker sehen ausschließlich menschliche Betrüger am Werk.

Ein solcher Poltergeistausbruch ereignete sich wiederholt in der Zeit vom 4. Dezember 1901 bis zum 20. Februar 1902 in Gerolstein, wo der »Poltergeist« – was immer auch
dahintergesteckt haben mag – Matratzen durchrüttelte, Betttücher wegzog, Möbel
durch die Wohnung schob und Objekte durch den Raum warf. Der französische Parapsychologe Prof. Grasset, der den Fall untersuchte, wählte für den Ort das Pseudonym »Dä-
monopolis, im Grossherzogtum Gerolstein«, sodass heute schwer zu sagen ist, wo es sich
genau ereignete.

Vor 1921 muss sich eine Spukgeschichte in Koblenz zugetragen haben, die das *Zent-
ralblatt für Okkultismus* in seiner Dezemberausgabe jenes Jahres schildert:

In seinem Buche *Erinnerungen eines alten Malers* berichtet R. S. Zimmermann folgende in-
teressante und glaubwürdige Spukgeschichte. (Zimmermann war auf der Rückreise von
einem Ausflug nach England und Belgien, den er mit einem jungen Kaufmann namens
Leichtlin unternommen hatte, in Koblenz angekommen.) »Beim Schlafengehen fiel mir
eine, mir tags zuvor von Leichtlin erzählte Spukgeschichte ein, welche ein paar Jahre früher seinem älteren Bruder in einem Koblenzer Gasthof, den er aber nicht nennen durfte,
passiert war. Sein Bruder war Reisender für seinen Vater und besuchte als solcher auch die
Rheinstädte. Eines Abends kam er nach Koblenz und stieg in seinem gewohnten Gasthofe
ab. Da der Wirt in dem Augenblicke nicht zu Hause, der Gasthof aber von Fremden über-
füllt war, der Oberkellner auch Herrn L. nicht kannte, so logierte er ihn in einem zum
Hause gehörigen Nebenbau ein, in welchem stets ein paar Zimmer reserviert waren. Dem
Angekommen [sic] war dies ziemlich gleichgültig. Nachdem er zu Nacht gespeist hatte, begab er sich auf sein Zimmer, um noch seine Korrespondenz zu besorgen, und legte sich,
damit fertig, zu Bett. Wie immer, konnte er auch heute, nachdem er viele Briefe geschrieben, welche die größte Aufmerksamkeit erforderten, nicht gleich einschlafen, obgleich es
schon sehr spät war. Endlich aber fand er, mit halboffenen Augen träumend, die Erscheinungen des Tages noch an sich vorübergehen lassend, jenen glücklichen Moment, der uns
vollends hinüberführt in das Reich der Träume, als er plötzlich wieder aufschreckte. Es

war ihm sonderbar zu Mute, er glaubte nämlich, er habe jemand in seinem Zimmer herumgehen hören. »Wie ist's mir denn eigentlich zu Mute, dachte er, träume ich denn schon?« Er stützte seinen Kopf in die Höhe, um näher hinzuhorchen, und hörte nun ganz leise Tritte, die sich dem Fenster näherten. Da er bald an die Dämmerung gewöhnt war – die Nacht war mondhell und im Hof unten brannte noch eine Laterne – so strengte er sich an, etwas zu entdecken, aber er sah nichts. Es blieb einen Moment stille, dann gingen die Tritte im Zimmer auf und ab und nahten sich dem Bette bald mit solcher Bestimmtheit, daß er kaum Zweifel hegen konnte, daß jemand sich in seinem Zimmer befinde. Es wurde ihm dies umso unheimlicher, als er mit aller Schärfe seiner Augen durchaus nichts entdecken konnte. Diese Unheimlichkeit wurde aber zum entsetzlichen Grauen, als er das Fenster öffnen hörte, ohne wahrnehmen zu können, daß es wirklich offen sei. Dann hörte er klar und deutlich Feuer schlagen mit Stahl und Stein, was sich verschiedene Male wiederholte, wie wenn es nicht recht brennen wollte. Darauf wurde es still. Der so Gequälte lag unterdessen in seinem Bett in unheimlicher Angst, mehrere Male wollte er laut rufen oder zum Bett herausspringen, um die Tür zu gewinnen, aber er war wie gelähmt vor Schreck. Es fehlte ihm aller Mut, er stierte nur nach dem Fenster, hörte auch bald wieder das Auf- und Abgehen. Auf einmal aber ging es mit raschen Schritten der Türe zu, die Türe flog auf und mit einem heftigen Schlag wieder zu. Jetzt wurde es ruhig, und zwar längere Zeit. Es kam dem Geängstigten nach und nach der Mut, er sprang aus seinem Bette, schellte, daß das ganze Haus erdröhnte, und nach einer Weile erschien ein Kellner mit Licht. Herr L. fragte nach dem Wirt, dieser wurde herauf beschieden und L. erzählte ihm die schauerliche Geschichte, die ihn wohl über eine Stunde in Anspruch genommen habe. Der Wirt entschuldigte sich nach Kräften, daß er überhaupt hierhergebracht worden sei, weil er leider nicht zu Hause gewesen, und bat ihn, das Zimmer zu verlassen, da unterdessen andere Zimmer freigeworden wären. Das geschah. Unten angekommen, lud ihn der Wirt zu einer Flasche Wein ein, da er voraussetzte, er werde auf den erlebten Schrecken so rasch nicht schlafen können, zugleich aber auch, um ihm noch etwas zu erzählen. Er berichtet nun: ›In dem Zimmer, das Sie eben verlassen haben, hat vor einigen Jahren ein junger Franzose gewohnt, der als Volontär in unser Haus kam, während bei dessen Eltern in Frankreich sich ein Bruder von mir aufhielt, beide der Erlernung der Sprache wegen. Der junge Franzose wurde aber bald leidend und schließlich an Auszehrung krank. Wir baten die Eltern brieflich, ihren Sohn abzuholen oder doch zu besuchen; das verzögerte sich aber. Mittlerweile war der Kranke ans Zimmer gefesselt, wo er tagelang las, am offenen Fenster lag und Zigarren rauchte trotz ärztlichen Verbots. Es ging nun rasch dem Ende zu, die Eltern versprachen auch zu kommen, sagten ihre Ankunft an, und der junge Mann sehnte sich mit dem ganzen Heimweh eines Kindes nach ihnen, aber leider umsonst. Er starb wenige Stunden vor ihrer Ankunft.

Was sagen Sie nun dazu, Herr L., wenn ich Ihnen mitteile, daß seitdem fast alle, die in diesem Zimmer übernachteten, in ähnlicher Weise belästigt wurden wie Sie? Geben Sie mir nun Ihr Wort, niemals den Gasthof zu nennen, wo Ihnen dieses begegnete, um mein Haus nicht in Mißkredit zu bringen. Ich sage Ihnen dafür Dank und versichere Ihnen, daß ich entschlossen bin, diesen Anbau abbrechen zu lassen, um meinem Haus eine ganz andere Gestalt zu geben.‹« So geschah es dann auch.

1929 suchte ein Poltergeist das Dorf Norroy-le-Veneur, zwischen Nancy und Metz gelegen, heim. Hier flogen nicht nur, wie üblich, Gegenstände durch die Luft, sondern unsichtbare Hände molken die Kühe, verschlossene Türen öffneten sich und Fenster wurden verbarrikadiert. Die französische Tageszeitung *Le Matin* berichtete, der derart heimgesuchte Bauer werde von allen im Dorf gemieden, die Kinder würden ihm ausweichen und vor ihm davonrennen. Jeden Morgen, wenn der Bauer seine Kühe melken wollte, waren sie trocken, als seien sie bereits gemolken. Kam er spätabends mit seiner Frau und seinen Kindern von der Arbeit auf dem Feld nach Hause, fand er sein Haus verrammelt vor und konnte nicht hinein. Im Haus dann wieder gab es so laute und unheimliche Geräusche, dass niemand ein Auge zubekam: Es ertönte Büchsengeknalle, seltsame Tierschreie hallten, Füße trappelten über den Boden. Trotz ausgiebiger Polizeinachforschung konnte man keinen Verursacher der Phänomene dingfest machen.

Der jüngste Fall eines Poltergeistes ereignete sich am 19. August 2014 in der Rue du Général-Kellerman in Amnéville bei Metz. »Zahllose zerbrochene Gegenstände auf dem Boden, aufgerissene Polstermöbel, ihre Füllung verstreut«, beschrieb *Le Républicain Lorrain* am 22. August 2014 die heimgesuchte Wohnung, und Fotos verdeutlichten die tatsächlich unfassbare Verwüstung. »Auf den ersten Blick scheint es so, als habe ein Mini-Tornado alles in seinem Weg zerstört.« Die Verwüstung erstreckte sich bis zu einer Höhe von rund fünf Metern über dem Boden. Es sei ein »Schaden ohne Erklärung«, wie die Polizei von Hagondange feststellen musste.

Es begann um 13 Uhr. Dominique Hachette, 60, der Besitzer des Hauses, erklärte der Zeitung, seine Frau habe sich mit dem 12-jährigen Patenkind in der Waschküche befunden, als plötzlich Waschmaschine und Trockner umgestürzt und auf den Boden gekracht seien. Dann seien alle Marmeladengläser auf den Boden gefallen. Danach habe einige Stunden Ruhe geherrscht, doch dann seien die Phänomene aufs Neue aufgetreten.

Das war auf alle Teile des Hauses verteilt. Hatten wir ein Zimmer gesäubert, begann es in einem anderen Raum erneut. Zuerst war es im Flur. Es hörte sich wie Schüsse an. Dann ertönten aus einem Zimmer rauschende Schläge. Überall konnte man die Geräusche von auf den Boden fallenden Gegenständen hören. Kein Platz blieb verschont. Jedes Mal versuchten wir, die Sachen an ihre Stelle zurückzustellen, aber es war unmöglich! Ein altes Eisen, das im Flur hing, wurde in unseren Raum projiziert. Es brach sogar durch die Doppelverglasung. Einige Objekte wurden buchstäblich von einem Raum zum anderen geworfen. Ein einziges Gemetzel. Ich weiß, das ist kaum zu glauben, und doch ... Wenn ich es nicht erlebt hätte, würde ich es auch nicht glauben!

Stets hätte es gewirkt, als habe »etwas« die Sachen aufgelesen und dann geworfen. Und schon vorher, so die Eheleute Hachette, seien seltsame Geräusche und Stimmen zu hören gewesen. Deshalb habe im Sommer 2013 auch ein Priester das Haus gesegnet, was auch vorrübergehend eine Besserung gebracht habe. Bis zum 19. August 2014 ...

Marienerscheinungen, Teufelskrallen, Wunder und Reliquien

Denken wir heute an Marienerscheinungen, haben wir meist ein junges Mädchen wie in Lourdes oder ungebildete Hirtenkinder wie in Fatima vor Augen, die mit einem einfachen, fast naiven Gemüt die leuchtende Vision der Jungfrau Maria in einem Baum betrachten.

In früheren Jahrhunderten war das anders – da waren Zeugen einer solchen Erscheinung praktisch ausnahmslos Erwachsene, häufig sogar theologisch gebildete Männer. Ob das nur daher kommt, dass unbelesene Hirtenkinder kaum Glauben gefunden hätten und ihre Geschichten deshalb nicht überliefert worden wären, lässt sich nicht sagen – wahrscheinlicher jedoch ist, dass Erscheinungen vor achthundert Jahren noch ein anderes Phänomen waren als heute. Die moderne Marienerscheinung vor Kindern, die sich regelmäßig wiederholt und mit einem Sonnenwunder abschließt, ist sehr wahrscheinlich ein ebenso modernes Phänomen wie das der »fliegenden Untertassen«.

Das Moseltal hat seinen Anteil an Erscheinungserzählungen, wenn es auch weitaus weniger sind, als man aufgrund der langen Geschichte und der volksfröhlichen Frömmigkeit der Region vermuten könnte. Dennoch gibt es genug Beispiele für Marien- und Engelerscheinungen, Wunder und mysteriöse Reliquien – allerdings auch für das Gegenteil, Heimsuchungen durch den Teufel und sogar eine Kralle von ihm!

Gründungslegenden

Die frühesten Erscheinungen, die des Mittelalters, sind oft nur skizzenhaft beschrieben, wenn nicht gänzlich Legenden, um etwa zu erklären, warum an einem bestimmten Ort eine Kapelle erbaut wurde.

So soll um 1220 ein Priester auf einem offenen Feld bei Trier von einem Gewitter überrascht worden sein, vor dem er sich in eine Kapelle retten konnte. Dort sei ihm Maria erschienen und habe zu ihm gesagt: »Da du so oft das Salve Maria betest, stehst du unter meinem Schutz. Weder Unwetter noch Blitz vermögen dir zu schaden.« Inwieweit hier das Gewitter auch für die teuflischen oder dämonischen Mächte steht, die den armen Menschen auf seinem Weg zu Gott bedrohen, ist schwer zu sagen, denn die Geschichte hat nur einen wenige Zeilen langen Eintrag im umfassenden, aber naiv gläubigen Lexikon der *Erscheinungen und Botschaften der Gottesmutter Maria* von Gottfried Hierzenberger und Otto Nedomansky.

Ebenfalls in oder um jenes Jahr muss sich eine Geschichte abgespielt haben, die der Zisterziensermönch Caesarius von Heisterbach in seinem wohl zwischen 1219 und 1223 entstandenen *Dialogus miraculorum* anführt, einer Sammlung von Wunder- und Versuchungsgeschichten, die den Novizen im Kloster auf die Gnade Gottes und die Verschlagenheit des Satans vorbereiten sollte.

Die Erzählung spielt in der Kapelle von Schloss Veldenz. Dort befand sich ein Bildnis der Mutter Gottes mit Sohn, von ungelenker Hand gemalt. Das grobe Porträt störte nun eine Frau des Schlosses (Caesarius verrät nicht, wer es war, aber es muss wohl die Mutter eines Schlossherrn gewesen sein). Sie beschimpfte das Bild als »altes Gerümpel«. Danach sprach Maria, »die Mutter des Erbarmens«, zu einer anderen Frau und verkündete ihr: »Weil diese Frau mich altes Gerümpel genannt hat, soll sie elend sein, solange sie lebt.« Und tatsächlich – kurz darauf raubte ihr der Sohn alle Habe und sie wurde arm und musste betteln gehen. Wie bei modernen Marienerscheinungen, bei denen die barmherzige Mutter die schlimmsten Zukunftsereignisse ankündigt, wenn man ihr nicht gehorcht, war also auch diese Gottesmutter erstaunlich rachsüchtig.

Das um 1220 im Flaumbachtal bei Treis-Karden gegründete Kloster Maria Engelport soll seine Existenz einer Vision der Heiligen Jungfrau verdanken. Sie sei dem Ritter Emelrich von Monreal, Vogt zu Fankel bei Cochem, erschienen und habe um Gründung der heiligen Stätte gebeten, so heißt es. Der Ritter habe Güter und Gebäude zur Verfügung gestellt, um der Jungfrau den Wunsch zu erfüllen. Historisch verbürgt ist nur, dass der Ritter den Zisterzienserinnen das Gelände überließ, das dann einen Ableger des Zisterzienserinnenklosters Kumbd bei Simmern beherbergte. Allerdings stellte er bald nach der Stiftung die wirschaftliche Unterstützung wieder ein – erst vierzig Jahre später fand das Kloster dauerhafte Gönner. Wirklich eindrucksvoll kann demnach die himmlische Intervention nicht gewesen sein, wenn sie nicht gar gänzlich fromme Erfindung im Sinne des Klosters war.

Über die Vision, die die Gattin von Theobald, Graf von Luxemburg, am 7. Oktober 1224 über dem Schloss Bardenbourg in Luxemburg erlebte, berichtet – ebenfalls nur stichworthaft – ausschließlich Erich von Däniken. Die Frau Gräfin habe über der Burg den Menschheitsvater Adam mit sieben sehr schönen Jungfrauen geschaut – offenbar in der Luft. Gemeint sind vermutlich Theobald I., der ab 1197 Graf von Luxemburg war, und seine Gemahlin Ermesinde. Auf ihre Initiative geht die Stiftung der Zisterzienserabtei Clairefontaine zurück, heute eine malerische Ruine zwischen den Orten Arlon und Luxembourg selbst, nur ein paar Kilometer westlich der Bardenbourg. Die märchenhaften Elemente verweisen wohl auch in diesem Falle eher auf eine fromme Legende denn auf einen »Augenzeugenbericht«.

Der Klausner, also Einsiedler, der Winzersohn Eberhard Taub aus Piesport, stellte 1438 eine Statue der Schmerzhaften Muttergottes auf, um an ihr zu beten. Vier Jahre später baute er am Ort seiner Abgeschiedenheit, nachdem ihm die Muttergottes im Traum erschienen war, ein Heiligenhäuschen. Nach ihm heißt der Ort des Geschehens heute noch Klausen. Schon bald pilgerten Menschen zu dem Kapellchen, weil das Marienbild Wunder wirkte und die Kranken heilte, und diese Wallfahrt hält bis heute an.

Schon lange nach dem Mittelalter ist eine Geschichte angesiedelt, die sich 1627 in Luxemburg abgespielt haben soll. In jenen Zeiten der konfessionellen Wirren widmeten die Jesuiten die Stadt der Jungfrau Maria. Sie errichteten ihr eine Kapelle und stellten eine aus Holz geschnitzte Marienstatue hinein. Und tatsächlich soll eine Andacht an dem Bilde die stumme und gichtkranke Tochter des Generalprokurators geheilt haben – die erste von seither vielen weiteren Wunderheilungen.

Maria ab dem 19. Jahrhundert

Das 19. Jahrhundert war eine der Glanzzeiten für Marienerscheinungen. Zum einen gab es die sensationellen Ereignisse in Lourdes, wo 1858 dem einfachen Mädchen Bernadette Soubirous nahe der Grotte Massabielle mehrfach eine weiß gekleidete Frau erschienen sein soll, die sich selbst »die unbefleckte Empfängnis« nannte. Das demokratisierte die Marienerscheinungen: Nun konnten auch einfache Menschen Empfänger von Visionen sein. Zudem verlangten verschiedene Konflikte – etwa die Rivalitäten zwischen Deutschland und Frankreich bis zum Deutsch-Französischen Krieg 1870/1871 oder in Deutschland der Kulturkampf – Rückversicherungen des Himmels, die solche Erscheinungen zu schenken pflegen.

Kein Wunder, dass sich eine ganze Reihe von französischen Erscheinungen – die alle nur kurz und allenfalls in Umrissen bekannt sind – vor Ausbruch des Krieges am 19. Juli 1870 in der Nähe der Grenze ereigneten. Am 9. November 1870 erschien Maria einem achtjährigen Kind in Metz und stellte sich als »Unsere Liebe Frau von La Salette« vor, einem früheren französischen Erscheinungsort. Maria war also auf Seiten der Franzosen, der Katholiken (zeitgleich versuchte Bismarck in Deutschland ja, den Katholizismus zu unterdrücken). Von ebenjenem Jahr an sahen zahlreiche betende Menschen zwei Jahre lang sehr häufig Maria in der Kapelle des Klosters Maison de Secours in Nancy.

Im 20. Jahrhundert finden wir neben Marienerscheinungen auch Heilandsvisionen. Nach einer ersten Schau am 8. Dezember 1921 erlebte Anna-Maria Goebel aus Bickendorf nahe Bitburg eine Marienerscheinung, danach schaute sie die Jungfrau, aber auch den Heiland, noch häufig. Von 1921 bis zu ihrem Tode 1941, ganze zwanzig Jahre lang, soll Frau Goebel für die Sünden der Welt gelitten und sogar die Stigmata, also die Wundmale Christi, empfangen haben. Ihre Anhänger, darunter der Ortspfarrer, sprachen von einem »mystisch begnadeten Opferleben«, die Amtskirche hielt die Erscheinungen für Betrug.

Von 1932 bis 1935 erlebte auch eine Schwester eines Klosters nahe Metz zahlreiche Erscheinungen der Jungfrau Maria, und 1947 ereignete sich in Luxemburg eine längere Reihe von Erscheinungen. Vom 1. bis zum 25. November 1947 erschien Maria zwei Mädchen und zwei Jungen im Weiler Kayl. Die Kinder empfingen auch Visionen vom Leben Jesu. Maria bat sie – das ist ein seit Lourdes häufiges Thema solcher Episoden – um den Bau einer Kapelle, um die Geburt Jesu zu ehren, und sie forderte, darin ein Bild vom Kindermord zu Bethlehem aufzustellen. Die Gottesmutter soll gesagt haben: »Ich bin die Trösterin der Betrübten, die Mutter Jesu, die Königin des Himmels und der Erde. Betet! Betet! Betet! Ich werde die Sünder bekehren; dies ist das große Wunder, das ich wirken werde.«

Madonna im Steinbruch

Ein Sonderfall, eine Erscheinung, die fotografiert wurde und sogar der Illustrierten *Stern* einen Artikel wert war, ereignete sich im August 1982. Damals ging ein Junge, der mit einer Jugendgruppe bei Bergweiler unweit Bernkastel-Wittlich zeltete, in einen nahegelegenen Steinbruch und richtete den Strahl seiner Taschenlampe auf die Felswand. Und er erkannte im Gestein stehend die Jungfrau Maria.

Innerhalb von zwei Wochen pilgerten über 30 000 Menschen an den Ort, ließen sich in den Steinbruch karren und beteten um Heilung. Einmal kam es fast zu einer Panik, als die Massen eine Figur sahen, die sich in der Felswand bewegte. »Da ist die Jungfrau!«, riefen die Menschen, es war aber nur ein junger Mann, der dort herumkraxelte. Bei der eigentlichen Maria handelte es sich um eine Felsformation, die – bei besonderem Lichteinfall betrachtet – einer Muttergottesstatue ähnelte. Weil das Wunder also derart permanent war, konnte jeder Pilger auf seine Kosten kommen. Der kleine Ort war durch Staus völlig blockiert, die Menschen in ihrem Alltag belagert. Ein gutes Geschäft muss die Erscheinung dennoch gewesen sein, und man munkelte im Dorf, ein örtlicher Busunternehmer helfe ab und an mit einem Diaprojektor dem Mirakel noch etwas nach.

Die katholische Kirche ist im Allgemeinen bei Erscheinungen sehr viel vorsichtiger, als gemeinhin angenommen wird. Prälat Israel vom Bischöflichen Ordinariat Trier mahnte denn auch zur Besonnenheit – ein echtes Wunder sei das keinesfalls, was sich da in der Eifel ereignete. Erst kürzlich sei es in seinem Bistum zu einer Erscheinung in einer Lourdes-Grotte gekommen ... deren Ursache bloß ein Neuanstrich in Leuchtfarbe gewesen sei. Die Leute, so prophezeite der Kirchenmann, würden das Interesse bald verlieren, und er sollte Recht behalten. Nach und nach verebbte der Menschenandrang, ein Jahr später ließ der Besitzer des Steinbruchs die »Muttergottes« einfach abreißen.

Wunder

Auch von Wundern wird an der Mosel erzählt – wobei das »Wunder« nicht immer angenehm ist. Denn manchmal wird kein ehrfürchtiger und frommer Mensch belohnt, sondern ein Ungläubiger gestraft, wie schon die Marienerscheinung im Schloss Veldenz gezeigt hat.

Zwei solcher Geschichten hat Caesarius von Heisterbach in seinem Mirakelbuch überliefert, sie werden sich also um das Jahr 1220 zugetragen haben. Da ist zum einen der Fleischer aus Koblenz, der am Aschermittwoch die heilige Asche verspottete, nachdem er am Dienstag zuvor gezecht hatte und nun zu träge und verkatert war, um den Gottesdienst zu besuchen. Kaum war ihm das letzte zynische Wort über die Lippen gegangen, da umgab ihn schon eine Aschewolke, die einfach nicht verschwinden wollte, selbst als man ihn auf eine saubere Rheininsel ruderte. Schließlich erstickte er an ihr.

Eine lehrhafte Absicht merkt man auch dem nächsten Wunder an, das Caesarius meldet. So bat ein Wucherer aus Metz, gemeinsam mit seiner Geldbörse begraben zu werden. Als später das Grab geöffnet wurde, saßen auf dem Leichnam zwei Kröten – eine zog die Münzen aus seinem Beutel, die andere legte sie auf sein Herz. Wir können annehmen, dass der Mann nicht schnurstracks in den Himmel wanderte! Und hoffen, dass wir nie solche »Kröten« in unserem Geldbeutel haben!

Bar jeder Moral scheint ein viel späteres Wunder zu sein, das »Blutwunder von Enkirch«, als 1821 und im August 1822 (dann in der dortigen Gerhardsmühle) Nahrungsmittel blutig zu werden schienen. Man rief den Ortspfarrer, der das Essen mit Weihwasser besprenkelte, doch konnte er nichts gegen diese Transformation bewirken.

Im 19. Jahrhundert untersuchten bereits zweifelnde Wissenschaftler solche Wunder. Und die Zeitschrift *Notizen aus dem Gebiete der Natur- und Heilkunde* fasst 1849 zusammen:

Im Jahre 1821 ist das Blutigwerden von Mehlspeisen, vorzüglich von gekochten Kartoffeln, auch in der Rheinprovinz, zu Enkirch an der Mosel, während einiger Zeit in bedeutender Verbreitung beobachtet worden und hat dort nicht unbedeutendes Aufsehen erregt. Die Sache ist damals von Ärzten und Beamten ziemlich genau beobachtet worden, ohne daß man aber den eigentlichen Schlüssel gefunden hätte. [...] Bei der Enkircher Erscheinung dachte man an einen Pilz.

Reliquien

Das Moseltal hält ganz ungewöhnliche Reliquien bereit, am außergewöhnlichsten ist sicherlich der »heilige Rock« in Trier. Es soll sich um den »Leibrock« Jesu handeln, um den die römischen Soldaten unter seinem Kreuze würfelten, weil er »von oben her ganz durchgewebt und ohne Naht« war, wie der Evangelist Johannes (19,23) schreibt.

Den Rock will Helena, die Mutter des Kaisers Konstantin, eine fromme Christin, in Jerusalem gefunden haben (man nennt sie scherzhaft die »erfolgreichste Archäologin der Welt«, weil sie unter vielem anderen auch das Kreuz, die Kreuzesnägel, das Grab und die Hinrichtungsstätte Christi ausfindig machte). Sie brachte den Rock dann nach Trier, die damalige Hauptstadt des Römischen Reiches, wo er noch heute aufbewahrt wird – wie auch Nägel aus dem Heiligen Kreuz Christi. Quellen für die Existenz der Reliquie gibt es allerdings erst seit dem 12. Jahrhundert.

So erklärt der *Antiquarius der Neckar-Main-Mosel- und Lahnströme, oder Ausführliche Beschreibung dieser vier in den Rheinstrom einfallenden Flüssen* 1781:

Dieser und zwar ungenähete Rok Christi soll ein langer Mannsrok mit weiten Ermeln seyn, jedoch kein Unter- oder Oberkleid, sondern ein Mittel- und Alltagskleid. Die Gestalt davon soll nach Gelegenheit und Art des Landes, nicht weniger auch nach der Statur des Herrn Christi, bequem und ansehnlich seyn, allein weder wollen noch seiden, sondern, so viel man annehmen kann, aus sehr zartem leinen Zeuge, dergleichen Jacob, des Herrn Bruder, auch getragen haben. Die Farbe daran ist mancherley, als roth, aschenfarb und dergleichen. Wenn er ans Licht gehalten wird scheinet er wie unbereiteter Zinnober, ändert sich aber gleich so bald er in die Luft komt. Inzwischen ist er aus einem sehr subtilen faden recht künstlich von oben bis unten hinaus gewürket; weswegen ihn auch die Kriegsknechte bey Christi Creutzigung nicht zertheilen wollten, sondern darum loseten, wer ihn ganz haben sollte. Am Saum sieht er aus, als wenn er geblümt wäre, und als ob allerhand farbigte Buchstaben um denselben herum stünden. Ueberhaupt kann die Kunst, womit derselbe gearbeitet ist, von keines Menschen Witz begriffen werden. Man stehet daher in dem Gedanken, die Mutter Gottes müsse ihn selbst gemacht haben. Zu der Zeit, als das Christenthum zu Trier ganz wieder in Verfall gerathen war, berief die Kaiserin Helena den frommen Agritium von Antiochia dahin, der gefallenen Kirche wieder aufzuhelffen, und gab ihm unter anderen kostbaren Reliquien und Heiligthümern diesen ungenähten Rok Christi [den der Türkische Kaiser Bajazeth der II. dem Pabst Innocentio dem VIII. geschenkt haben soll,] samt einem Nagel, womit der Herr angenagelt gewesen, und einem guten Stük von dessen Creutze mit auf den Weg. Alles dieses verwahrte derselbe im Jahr 327. im hintern Chor besagter Hauptkirche, allwo es auch etliche hundert Jahre ohnversehrt geblieben ist, bis es endlich im Jahr 1196. der Erzbischof Johannes der I. daselbst fand und jederman zeigen lies. Zum andernmal wurde selbiger Rok im Jahr 1512. von dem Erzbischof Richardo auf Befehl des Kaisers Maximiliani des I. in Beyseyn vieler Geist- und Weltlichen, Chur- und Fürsten, Abgesandten und anderer vornehmer Herren, ja, wie Hübner meldet, in Gegenwart mehr als 100 000. Menschen, auf dem Reichstage zu Trier öffentlich gewiesen, und damals unter dem Vornehmen die Brüderschaft des Roks Christi gestiftet. Das drittemal kam er im Jahr 1585. unter dem Erzbischof Johanne dem VII. mit grossem Jauchzen des anwesenden Volks wieder zum Vorschein. Ein gleiches geschahe 1655. zum vierten und leztenmale unter dem Erzbischof Carl Caspar von der Leyen. Es lies damals den 20. Februar d. a. die Geistlichkeit zu Trier unter dieses Erzbischofs Namen eine Schrift ausgehen, worinnen sie zur Besichtigung dieses Roks samt eines Nagels vom Creutz Christi, mit Versicherung eines vollkommenen Ablaßes aller Sünden, jedermann aufmunterte. Wie *Molineus* in *scuto Fidei* berichtet, so ist wegen dieses Roks zwischen den Geistlichen zu Argenteuil in Frankreich und denn zu Trier ein grosser Streit entstanden, weil beyde behaupten wollen, daß sie den rechten hätten. [Ein weiterer Rock Christi befindet sich in San Giovanni im Lateran, Rom.]

Noch heute wird der Rock in bestimmten Zeiten ausgestellt, dann pilgern Millionen Gläubige nach Trier. Selbst eine Untersuchung mit modernsten Mitteln im Jahr 1973 konnte keine Auskunft über Alter und Herkunft des Gewandes geben.

Der ungläubige Naseweis will nun wissen, ob es sich bei dem in Trier aufbewahrten Rock wirklich um das Gewand von Jesus Christus handelt. Nein, entgegnet das Bistum Trier, denn die meisten Stoffe, die man sehen kann, sind spätere Ummantelungen und Schutzhüllen. Allerdings steckt unter diesen Zwiebelschalen aus Stoff eine Tuchreliquie, die den ältesten Teil des »heiligen Rocks« darstellt. »Dieses wollene Gewebe ist schon sehr alt (nicht genau datierbar) und könnte von einer sog. *tunica inconsutilis* (Gewand ohne Naht) stammen.« Ob es sich dabei um ein zweitausend Jahre altes Gewebe aus

Palästina handelt, weiß niemand. Und für die Kirche ist das auch unerheblich:

> Wer den Heiligen Rock im Trierer Dom verehrt, darf nicht meinen, in dieser Tuchreliquie wohne etwas Göttliches oder eine Kraft, auf die man sein Vertrauen setzen dürfe. Eine solche Meinung wäre abergläubisch, Glaube im Abseits. Wer aber bei seiner Verehrung den Heiligen Rock als Bild und Zeichen Christi versteht, der übt seinen Glauben gemäß dem Geiste und der Wahrheit des Neuen Testamentes.

Es geht bei einer Wallfahrt weniger um Authentizität des Geschauten als vielmehr um die Echtheit der eigenen Absicht.

Eine weitere Sensation weist Trier auf, nämlich das einzige Grab eines Apostels, also eines der zwölf engsten Jünger Jesu, das sich nördlich der Alpen befindet (siehe BT XIII). In der Benediktinerabtei St. Matthias wird seit dem 12. Jahrhundert das Grab des Apostels Matthias gezeigt und verehrt. Verschiedene alte Pergamente aus dem Kloster berichten von vielen Wunder, die der Gefolgsmann Jesu gewirkt haben soll. Das Gebäude ist ein bis ins 5. Jahrhundert zurückgehender Sakralbau, der zuerst den Trierer Gründerbischöfen Eucharius und Valerius geweiht war. Wie es zum großartigen Umbau und der Auffindung der Gebeine des Matthias kam, berichtet Jakob Marx 1860 in der *Geschichte des Erzstifts Trier:*

> Kaiser Heinrich III hatte um das Jahr 1052 zu Goslar eine neue Kirche erbaut und wünschte dieselbe mit berühmten hh. [heiligen] Reliquien auszuzeichnen, wandte sich daher an den damaligen Erzbischof Eberhard von Trier, mit dem Gesuche, ihm Reliquien von dem Apostel Matthias und andrer Heiligen, die, wie gesagt werde, zu Trier ruhten, zukommen zu lassen. Reliquien von dem Apostel erklärte dieser ihm nicht geben zu können, weil er bezweifle, ob dieselben hier seien, und wenn sie auch hier seien, Niemand wisse, an welcher Stelle sie sich befänden.
>
> In Rom entdeckte Eberhard jedoch ein altes Buch, das genau das Schicksal der zwölf Apostel verzeichnete. Und darin las er, dass »der h. Matthias im Judenlande gepredigt und seine Ruhestätte gefunden habe, später aber von der h. Helena durch den Bischof Agritius aus Judäa nach Trier überschickt worden sei und hier neben den Leibern der Jünger Christi, auf linker Seite zwischen Norden und Osten, ruhe.«

Natürlich forschte Eberhard nach, als er zurück in Trier war, und entdeckte aufgrund dieser vagen Angaben – die Bischöfe Adalbero von Metz und Theoderich von Verdun waren bei den Ausgrabungen zugegen – die Reliquien des Apostels. Er verschloss aber sofort die Grabstätte wieder, »damit unser Land des heiligen Schatzes nicht verlustig gehe.«

Nach diesem Vorgange geschieht der Reliquien des h. Matthias keine weitere Erwähnung in den Schriften der Abtei bis unter dem Abte Eberhard von Camberg der Erzbischof Bruno einen ganz neuen Kirchenbau beschlossen und auf seine Kosten auszuführen angeordnet hat. Ueber dem Abbrechen des Muttergottesaltares der alten Kirche stießen die Arbeiter 1127 auf einen bleiernen Sarg mit der Inschrift auf einer kleinen Marmortafel: »der h. Matthias Apostel«.

Seit dieser Zeit kann man in Trier an das Grab des Apostels pilgern, des einzigen, den die Jünger selbst wählten, um Judas zu ersetzen, der sich nach seinem Verrat umgebracht hatte. Angesichts der Schönheit der Kirche und der Altehrwürdigkeit der Tradition wäre es vermessen, die Echtheit der Reliquie nach irgendwelchen rationalen Kriterien messen zu wollen: Hier liegt seit 1 000 Jahren ein Apostel. Was würde es bringen, seine Gebeine zu untersuchen? Der Glaube gewänne nichts, und der Zweifler zweifelt ohnehin.

Der Teufel in vielerlei Verkleidung

Der Teufel taucht häufig auf in den Wunderberichten des Caesarius von Heisterbach, dessen Welt noch ganz von Engeln und Wundern, aber auch von Teufeln und Dämonen durchdrungen ist. Dabei ist der Teufel noch, wie im biblischen Buch Hiob, ein Handlanger Gottes, denn er bestraft die Sünder – und führt sie dadurch auf den rechten Weg zurück.

Alle diese Geschichten spielen um das Jahr 1220 oder davor. Damals sei sich, so berichtet der gelehrte Klostermann, ein Mönch aus dem Kloster Himmerod zu fein dafür gewesen, wie befohlen Kohl im Garten zu pflanzen. Hochnäsig spazierte er aus dem Kloster und hinaus in die weite Welt (er verließ also den Schutz der Kirche). Im Wald traf er auf den Teufel, der ihn in Gestalt eines Weibes nach Trier mitnahm. Das Weib täuschte ihn und ließ ihn sein Schweigegelübde brechen. Flugs ging es ohne Probleme durch das dichteste Gestrüpp (ein Hinweis auf den Seelenflug?), bis der Mönch es mit der Angst zu tun bekam und er fluchte: »Im Namen des Vaters, was ist das für ein Weg!« Da nun Gott angerufen war, musste der Satan weichen. Augenblicklich brach ein Sturm los, der Mönch wurde vom Regen gepeitscht, war aber frei vom Bann des Bösen und kehrte, begossen wie ein Pudel und demütig, ins Kloster zurück. Man muss immer bedenken, dass Caesarius diese Erzählungen nicht als Fabeln, sondern als Reportagen von wahren Ereignissen überliefert.

In einem anderen Bericht über eine Begebenheit, die sich in den Weinbergen des Klosters Maria Laach zugetragen haben soll, überlässt ein fauler Knecht die Bewachung der Trauben einem Teufel, den er zuvor herbeigerufen hat. Er verspricht ihm zum Lohn einen Korb Trauben, die er ihm auch ausschüttet – und die dann verschwunden sind. Die seltsame Geschichte birgt keine offensichtliche Moral.

Bei Prüm ritten auch zwei junge Männer (einer davon Truchsess des Abtes von Prüm) am Klosterbach entlang, als sie eine Frau in einem Leinengewand am anderen Ufer stehen sahen, die – so schien es ihnen – Zauberei betrieb. Sie lenkten ihre Pferde durch den Bach, um sie zu fangen. Die Frau hob ihr Kleid und lief vor den Reitern davon und wie sehr diese ihren Pferden auch die Sporen gaben, sie konnten die Frau nicht einholen. Als die Pferde so erschöpft waren, dass an eine Fortsetzung der Jagd nicht mehr zu denken war, erkannten die jungen Männer, dass das »Gespenst« nur der Teufel sein konnte. Sie bekreuzigten sich und die Frau verschwand – aber die Männer wie die Pferde waren danach lange schwach und man dachte gar, sie müssten sterben. (Heute werden solche Schwächeattacken nach einer Begegnung mit dem Übernatürlichen oft als »Strahlenschäden durch UFOs« gedeutet.) Einer der beiden Männer, so schreibt Caesarius, habe ihm das Erlebte selbst geschildert. Die Geschichte warnt wohl vor dem Teufel, der manches Mal in junge Männer fährt, wenn sie eine Frau am Bach sehen – die Strafe folgt, und solche Gedanken sind vom Bösen.

Noch eine letzte Teufelsgeschichte erzählt Caesarius von Heisterbach über Prüm, nämlich die des Ritters Heinrich von der Burg Falkenstein, der nicht an Dämonen glaubte und einen Geistlichen namens Philipp rief, der ebensolche zu beschwören vermochte und Heinrich mehr Spuk in die Burg zauberte, als dieser brauchte: Winde brausten, Schweine grunzten, schließlich näherte sich der Teufel, ein grauenhafter menschlicher Schatten, höher als die Bäume des Waldes. Ein Gespräch zwischen dem hässlichen Satan und dem Ritter entspann sich, bei dem sich der Ritter weigerte, dem Teufel ein Geschenk zu machen. Der bewies daraufhin seine Allwissenheit, indem er Heinrich jede noch so kleine Sünde seines Lebens hersagte – und der Ritter brach fahl zusammen und tat von Stund an nur noch Gutes. Das, so beteuert Caesarius erneut, habe er von Heinrich selbst gehört.

Die Teufelskralle im Dom zu Trier

Der Teufel erscheint nicht nur, er hinterlässt, wie das Heilige, zuweilen Reliquien.

Etwa die Teufelskralle. Als man den Trierer Dom errichtete, da wurde der Herr des Bösen nämlich naseweis und schaute den Bauleuten über die Schulter. Diese wollten, weil das Werk so gewaltig war, die Kraft des Teufels für sich nutzen. Das gelang auch recht einfach, denn in der Sage – leider nicht in der Welt – ist der Teufel ja ein Tölpel. Jedenfalls erzählte man ihm, das Gebäude solle ein »Hurenhaus« werden. Da half er natürlich gerne mit!

Legendenhaft berichtet Fr. Menk 1840 in *Des Moselthal's Sagen, Legenden und Geschichten: Nebst einem Handbuch für Reisende,* was sich dann ereignete:

Wenn man den ganzen, ungeheuren Bau betrachtet, die gewaltigen Steine prüft, aus welchen er aufgeführt ist, so möchte man sich versucht halten zu glauben, Menschenhänden wäre es unmöglich gewesen, diese Massen aufeinander zu thürmen. Der Teufel hat, wie an vielen andern Orten, auch hier seine Hand im Spiel gehabt, so verkündet uns die Volkssage. Der Erbauer rief zu seinem Werk den gehörnten und beschwänzten Gottseibeiuns und versprach ihm ein recht großartiges Spiel- und Saufhaus aufzurichten, wenn er ihm bei dem Herbeischaffen der Steine und überhaupt auf alle mögliche Weise an die Hand gehen wolle. Dazu war der böse Menschenfeind herzlich gern bereit und der Baumeister wußte geschickt den Arglistigen zu hintergehen. Die Altäre gab er ihm für Spieltische an, die hohen, geschweiften Fenster sollten die Menge anlocken. Der Teufel mußte in der That zur damaligen Zeit noch nicht von der Cultur, welche sich jetzt auf alle Welt erstreckt, beleckt worden sein, denn er war dumm genug[,] sich betrügen zu lassen. Als aber die Kanzel gebaut, die Altäre geschmückt wurden, der Clerus in feierlicher Prozession einzog, da merkte er, daß er betrogen sei. Wüthend flog er in dem weiten Gottestempel umher, einen Gegenstand suchend, an welchem er seinen Ingrimm auslassen könne. Endlich packte er einen der Altäre, um sich daran zu rächen, allein er konnte mit dem Wegreißen nicht zu Stande kommen und mußte schimpflich mit dem Verlust einer seiner Klauen von dannen fliegen. An der Mauer hängt noch, wie Ortelius berichtet, die schwarze Teufels-kralle.

Lange vor diesen literarischen Quellen, 1747, schrieb schon Johann Georg Hager in *Ausführliche Geographie: Von Teutschland überhaupt,* Band 2, über den Dom: »An der Mauer hänget ein Horn, welches man die Teufelskralle nennet.« 1781 bekräftigte das der *Antiquarius der Neckar-Main-Mosel- und Lahnströme:*

Wie Ortelius berichtet[,] so soll an der Mauer ein Horn oder [eine] Klaue hängen, so die Bürger die Teufelskralle nennen. Diese soll der Teufel damals verloren haben, als er gesehen, daß er betrogen worden, und sich also an den Altären rächen wollen. Allein man pfleget insgemein dergleichen tröstliche Erzehlungen zu Markte zu bringen, so bald nur eine Sache den menschlichen Verstand zu übersteigen scheinet.

Doch diese »Augenzeugenberichte« sind nicht zuverlässig: Der Gelehrte Abraham Ortelius verortet die »Teufelskralle«, die er anlässlich seiner Trierreise 1575 selbst gesehen hat, nämlich nicht im Dom, sondern in der Simeonskirche. Im Dom befand sie sich nie, um was es sich in den Berichten stattdessen gehandelt haben mag – den Stoßzahn eines Mammuts vielleicht oder die Rippe eines Wals – wissen wir nicht mehr. Die Simeonskirche im ehemaligen römischen Stadttor Porta Nigra barg die Reliquie, und all die Autoren, die die Kralle im Dom wähnen, können sie nicht selbst gesehen haben, denn jeder bezieht sich auf Ortelius' *Itinerarium per nonnullas Galliae Belgicae partes* von 1584 als Quelle.

Es gibt jedoch mehrere »Teufelskrallen« in deutschen Kirchen (unter anderem in der Nürnberger Sebaldkirche), die Rudolf Eberstadt 1916 in seinem Aufsatz *Die sogenannten Teufelskrallen an alten Bauwerken* aufgelistet hat. In Nürnberg handelt es sich, wie in fast allen Fällen, um Ausschleifungen in Form von Rillen und kreisrunden Näpfchen – also sogenannte Wetzrillen im Gestein. Diese Wetzrillen entstammen einem heute kaum noch bekannten kultischen Brauch: Vielleicht machten Bewaffnete ihre Schwerter symbolisch wertlos, indem sie sie im Gestein wetzten, bevor sie eine Kirche betraten.

Auch im Kölner Dom befand sich einmal eine solche Teufelskralle, und sie hängt der Legende nach mit Trier zusammen. Als nämlich der Dom zu Köln erbaut wurde, da errichtete der Teufel eine Leitung von Trier nach Köln, um den guten Moselwein an den Rhein zu befördern – und um als Lohn dafür ein paar Seelen zu holen. Diese Volkssage sollte die Ursprünge der römischen Wasserleitungen der Eifel erklären. Jedenfalls schaffte es der Teufel, die Weinleitung bis an den Dombauplatz heranzuführen. Der Dombaumeister, der mit dem Gottseibeiuns gewettet hatte, stürzte sich deshalb vom höchsten Gerüst und direkt in die Hölle hinein.

Das Wort übernimmt nun Ludwig Bechstein:

Zum Überfluss und als Siegeszeichen warf der Teufel einen Stein durch das Dach im Chor über der heiligen Drei-Königs-Kapelle, davon ein drei bis vier Fuß weites Loch blieb. Späterer Aufschrift zufolge soll es der Wind gewesen sein, der den Stein herabwarf; der Stein aber lag oder liegt noch auf dem Pflaster bei der Kapelle, die Leute nennen ihn den Teufelsstein, man sieht auf ihm eine Marke wie eine Hahnenkralle, die von der Teufelskralle eingebrannt ward.

Das eröffnet die Möglichkeit, dass die Teufelskralle vom Trierer Dom in Wirklichkeit eine Wetzrille oder ein Steinmetzzeichen in der Porta Nigra war – allerdings besteht Ortelius darauf, es sei ein Horn gewesen, und so liegt die Vermutung nahe, dass ein den mittelalterlichen Moselanrainern exotisch vorkommendes Horn oder Skelettteil als Teufelskralle bezeichnet wurde (oder natürlich, dass der Gottseibeiuns in Trier einen Fingernagel verlor!).

# Archäologische Rätsel und Träume

Steinzeitliche Felsbilder

Dass Wandern nicht langweilig sein muss, das hat sich herumgesprochen. Dass man dabei auch sensationelle Entdeckungen machen kann, zeigte sich an der Mosel – hier wurden steinzeitliche Felsbilder gefunden.

1992 war der Maurer Jürgen Weinheimer aus Gondershausen im Hunsrück mit seinem Hund Gustav auf einem Spaziergang, als er an einem Steilhang im Wald auf einer rund 1,2 Quadratmeter großen Schieferfläche eingeritzte Bilder entdeckte: zwei nach links blickende Pferde, ein weiteres Ross und mehrere schwer zu deutende Vierbeiner – die gesamte Darstellung wirkte wie eine überlegte Komposition. »Dass es mehrere Pferde sind, habe ich schnell erkannt. Ich habe lange mit mir gerungen, ob ich das erzählen soll.«

Erst 2006 unterrichtete Weinheimer dem Archäologen Wolfgang Welker vom Verein Arrata von seinem Fund – der sah nach und konnte bestätigen, dass die Bilder rund 25 000 Jahre alt sind.

Im Juni 2014 wurde die Felskunst von Doris Ahnen, der Landesministerin für Kultur, der Öffentlichkeit vorgestellt. Die Bilder haben starke Ähnlichkeiten mit der französischen Höhlenkunst und sind von hoher Qualität. Bei einem Pferd kann man sogar einen Vorderhuf, die Schweifhaare und ein geknicktes Vorderbein erkennen.

Dass die Bilder die lange Zeit überlebten, grenzt an ein Wunder. Denn nicht nur die Witterung setzte ihnen zu, ganz in der Nähe befand sich auch ein römischer Steinbruch. Dr. Axel von Berg, der Chefarchäologe des Landes Rheinland-Pfalz, vermutet, dass sich in der Region noch mehr solcher Felszeichnungen befinden könnten. »Es gibt nur ganz wenige Hinweise aus dieser Zeit – wir bewegen uns auf archäologischem Neuland.«

Der Goloring

Geheimnisvoll ist auch der Goloring bei Wolken direkt neben der Autobahn Koblenz-Trier, das »Eifel-Stonehenge«.

Henges sind typisch britische Monumente aus der Jungstein- und Bronzezeit, doch der Goloring ähnelt ihnen sehr – nur einen Steinkreis, wie man ihn vom echten Stonehenge kennt, findet man hier nicht.

Der Archäologe Josef Röder grub ihn von 1940 bis 1942 aus und beschrieb ihn 1948 erstmals im *Bonner Jahrbuch* (»Der Goloring. Ein eisenzeitliches Heiligtum vom Henge-Charakter im Koberner Wald«). Röder stellte fest, dass der Goloring in der jüngeren Urnenfeldkultur, also etwa um 1000 v. Chr., angelegt worden und dann in der gesamten Keltenzeit bis zum Eintreffen der Römer genutzt worden war. Aber wozu?

Nun, der Goloring war kein Ringwall, keine Verteidigungsanlage. Er besteht aus einem kreisrunden Graben von 175 Metern Durchmesser, fünf bis sechs Metern Breite und einem Meter Tiefe. Aus der Erde, die für den Graben ausgeschaufelt worden war, wurde vor dem Graben ein Wall aufgeworfen, der rund 190 Meter Durchmesser bei sieben Metern Breite und 80 Zentimetern Höhe hat. Da ein Wall vor einem Graben – nicht umgekehrt – wenig sinnvoll zur Abwehr von Feinden ist, kann es sich nur um eine symbolische Grenzziehung gehandelt haben. Der Goloring war also ein ritueller Bezirk.

Den Innenraum bildet eine künstliche Plattform, die rund einen bis anderthalb Meter über Bodenniveau liegt. Ihr Durchmesser beträgt 95 Meter. Genau im Mittelpunkt des Plateaus fand Röder in einem halben Meter Tiefe eine dunklere Verfärbung des Bodens, die darauf schließen lässt, dass hier einst ein gewaltiger Mast, 12 Meter hoch und 50 Zentimeter dick, gestanden haben muss. Sowohl Wall wie Graben weisen im Westen eine etwa 40 Meter lange Lücke auf, die möglicherweise so geplant war.

Der Goloring ist in Deutschland einzigartig, wenn auch im Gegensatz zu seinem englischen Cousin fast unbekannt – schließlich war er über Jahre nicht zugänglich, weil er in einem militärischen Sperrgebiet liegt. Seit 2006 wird er durch den keltischen Rundwanderweg erschlossen, der sieben Kilometer lang ist und in der Gemeinde Wolken beginnt.

Außer der vagen Deutung als Kultplatz können Archäologen kaum etwas über die Anlage sagen – nicht einmal, ob sie tatsächlich etwas mit den englischen Henges zu tun hat.

Eine Zeitlang hielt man sie für eine kreisförmige Variante der keltischen Viereckschanzen, aber diese sind 600 Jahre jünger und haben sich unlängst als befestigte Gutshöfe entpuppt, nicht als heilige Haine, wie man früher glaubte. Sicher ist jedoch, dass der Goloring nicht isoliert betrachtet werden kann, sondern mit anderen keltischen Funden der Region eng vernetzt ist, etwa mit dem ausgedehnten Grabhügelfeld von Bassenheim, das rund 90 Bestattungen umfasst, darunter Grabhügel mit steinerner Kammer und Menhiren.

Heimatforscher, so etwa Wolfgang Zäck, haben den Goloring als astronomisches Observatorium gedeutet. In einem 1992 erschienenen Büchlein bemerkt Zäck, dass vom Ring ausgehend bestimmte Punkte den Sonnenaufgang zu wichtigen Kalenderdaten markieren, insbesondere an den Sonnenwenden. Zu diesen Orten gehören die Dreitonnenkuppe mit ihrem Menhir und die Kapelle auf dem Karmelenberg. Der Goloring läge demnach im Mittelpunkt eines Netzes von Visierlinien.

Geheimnisvolle heilige Linien

Jeder von uns kennt das Gefühl, dass eine archäologische Stätte geheimnisvoll wirkt, unheimlich. Wir können Burg- und Klosterruinen besichtigen oder uralte Megalithgräber, und uns überkommt das vage Gefühl der Last der Jahrhunderte, davon, dass diese Trümmer – vielleicht sogar wir selbst – Teil von etwas Größerem sind.

Eine Entdeckung, die immer wieder gemacht wird – von Archäologen, Hobbyforschern und Fantasten –, ist die, dass sich uralte Fundorte auf Geraden befinden – optischen Ausrichtungen wie bei »prähistorischen Kalendern« oder kerzengeraden Linien auf einer Karte. Allerdings: Vorsicht ist geboten! Auf Landkarten lassen sich nur allzu schnell geradlinige Verbindungen zwischen Kultorten einzeichnen. Die Risiken der Fehlinterpretation einer solchen geraden Linie, die man über eine Karte zieht, lässt sich am besten anhand eines Beispiels aufzeigen: So kann man einen kerzengeraden Strich durch die Rochus-Kapelle von Holstum über die Kapelle von Prümzurlay zu den Kirchen von Irrel und Minden ziehen. Doch all diese Sakralbauten stammen aus ganz unterschiedlichen Zeiten: Die Rochus-Kapelle wurde 1866 erbaut, die Kapelle von Prümzurlay war noch im 14. Jahrhundert Kapelle der Prümerburg, die Kirche von Irrel wurde 1961 bis 1962 neu gebaut und steht nun rund 100 Meter nördlich des alten Standorts, die Kirche von

Minden wird erstmalig 1326 erwähnt. Die Entstehungszeiten der Kirchen erstrecken sich also über acht Jahrhunderte, die Linie kann kaum Absicht gewesen sein.

Trotz alledem und so bizarr die Vorstellung auch klingen mag, für die Annahme, dass die Lage von Kirchen und Kultorten nicht durch logistische Erwägungen bestimmt war, sondern einem ideellen Plan folgte, gibt es doch reale Beispiele. Eines ist das sogenannte Lothringer Kreuz, eine symbolische Anordnung von fünf Kirchen am Oberlauf der Mosel.

Die Kirche St. Hydulphe von Moyenmouthier im Zentrum (siehe BT XI) und die Abteikirche Notre-Dame in Étival-Clairefontaine im Westen (siehe BT XII), Senones im Osten, die Kathedrale von Saint-Dié im Süden (siehe BT X) und Bonmouthier (heute: Val-et-Châtillon) im Norden bilden ein wahrhaft gigantisches symbolisches Kreuz, das die Vogesen überzieht und sie so heiligt. Im hohen Mittelalter war es durchaus Brauch, den Dom mit vier Kirchen in allen Himmelsrichtungen zu umgeben, um die Stadt vor dem Bösen zu schützen, aber das Lothringer Kreuz ist eine der wenigen solcher symbolischer oder geomantischer Anlagen, die eine ganze Landschaft überziehen. Mit Armlängen bzw. Entfernungen von drei Kilometern (Moyenmouthier bis Étival) und fünf Kilometern (Moyenmouthier bis Senones) ist das Lothringer Kreuz allerdings kaum raumgreifender als ähnliche Anlagen in ummauerten Städten und durchaus im Bereich dessen, was mittelalterliche Landvermesser zu planen vermochten. Die Linien sind auch nicht perfekt gerade. Das unterscheidet diese echten symbolischen Gründungen im Übrigen auch von den eher fantastischen Entdeckungen. Dass das Kirchenkreuz eine geplante Anlage war, verraten nicht nur der Name des Benediktinerklosters Moyenmouthier »in der Mitte«, von dem aus die andren vier Klöster begründet wurden, sondern auch mittelalterliche Hinweise auf das *croix monastique des Vosges*, das Klosterkreuz der Vogesen.

Dass im Übrigen nicht nur die Lage von Kirchen, sondern auch ihre Dimensionen und ihr Bildprogramm symbolisch verstanden werden können, zeigt der französische Romancier Christian Jacq anhand der Kathedrale von Metz sehr anschaulich in seinem Büchlein *33 Stufen zur Weisheit.*

Die Trierer Liebfrauenkirche, ein Zentralbau, gilt als erste gotische Kirche in Deutschland und sollte das Himmlische Jerusalem darstellen. Franz Ronig konnte zeigen, wie alle ihre Dimensionen von der doppelten Vierungsgröße abhängig sind und wie selbst kleinste

Die gotische Kathedrale von Metz.

Details theologische Aussagen treffen – so hat die Kirche acht Kapellen, die Zahl der Ewigkeit, und es stützen zwölf Säulen das Schiff, die Zahl der Apostel, der Stämme Israels und der Monate im Jahr. Das klingt ungewöhnlich, man muss sich aber vor Augen führen, dass jede romanische Kirche solche »sprechenden« Dimensionen und symbolischen Grundrisse hat. Schiff und Querschiff etwa bilden immer ein Kreuz, und jede Kirche ist nach Osten, nach Jerusalem, ausgerichtet (vom Wort »Orient« für »Osten« stammt auch unser Wort »orientieren«, das wir mittlerweile auch ohne theologische Konnotationen verwenden!).

Wetzrillen

Man sieht sie in Hinkelsteinen, in Felsblöcken und häufig genug an den Wänden von Kapellen und Kirchen: sogenannte Wetzrillen. Sie gehören zu den seltsamen Steinmanipulationen – die anderen sind Näpfchen, Karrenspuren und Gleitrillen –, denen man immer wieder begegnet, über die aber nach wie vor kein wissenschaftlicher Konsens besteht. Wie Wetzrillen entstanden, das weiß man – hier wurden Messer, Sensen oder Beile so lange durch den Stein gezogen, bis eine Schleifspur entstand.

Wozu das geschah, dazu gibt es allerdings die unterschiedlichsten Thesen. Etwa, wie zuvor schon erwähnt, man habe an einer Kirchenwand Waffen symbolisch unbrauchbar gemacht, bevor man den heiligen Raum betrat – oder im Gegenteil, die Waffen an der Kirchenmauer geschärft, man habe aus der Kirchenwand Sand geschliffen, um etwas von der Heiligkeit des Gotteshauses mit nach Hause zu nehmen. Wetzrillen an Naturfelsen stammten daher, dass die Waldarbeiter und Schäfer ihre Messer und Äxte schliffen. Und noch manches mehr.

In der Moselregion gibt es einige Beispiele für solche Rillen. »An manchen Steinkreuzen«, so die *Rheinisch-westfälische Zeitschrift für Volkskunde* 1982, »finden sich längliche Streifen, die einzeln oder mehrfach, längs und quer zum Schaft und in verschiedenen Tiefen verlaufen.« Ein Kreuzstumpf von Siebenborn aus dem Kreis Bernkastel heißt sogar »Schleifkreuz« und stammt von 1650 – Beleg dafür, dass es sich nicht um uralte Felsmarkierungen handelt (obwohl auch steinzeitliche Wetzrillen bekannt sind). Ein heute verschwundenes Kreuz bei Greverath im Kreis Wittlich hatte Wetzrillen, weil die Schäfer daran ihre Messer geschärft haben sollen. Bei beidem könnte es sich also um ganz profane Rillen gehandelt haben, im Gegensatz dazu schrieb man dem »aus kleinen Vertiefungen der Außenmauern romanischer und gotischer Kirchen gewonnenen Steinmehl [...] vermutlich nicht nur eine heilende, sondern sogar eine gespenster- oder generell unheilbannende Wirkung« zu.

Steinzeitliche und bronzezeitliche Wetzrillen sollen vor allem auf dem Felsbrocken um Burglinster in Luxemburg zu finden sein, etwa zu Füßen der Burg und in der Gemarkung »auf der Schéinert«. Sie sind weniger spitz als die mittelalterlichen und neuzeitlichen Rillen und könnten zum Schleifen von Steinbeilen gedient haben.

Gleitfurchen

Vor allem im Luxemburger Tal der Sauer, aber auch auf dem Ferschweiler Plateau bei Trier, findet man »Gleitfurchen« – sie sehen aus wie Wetzrillen, sind aber riesig – manchmal mehrere Fuß breit und bis zu fünf oder mehr Meter lang. Dafür gibt es mehrere Erklärungen. Ganz sicher handelt es sich bei den meisten nicht um Karrenspuren oder -gleise, auf die wir noch kommen werden, weil sie nicht parallel und oft einzeln verlaufen. Da sich neben den Luxemburger Gleitfurchen häufig in den Fels gemeißelte Fußtritte befinden, kann es sich sogar einfach nur um Rutschbahnen für Kinder gehandelt haben. So wurden sie zumindest noch vor hundert Jahren genutzt. Aber auch eine Deutung als technisches Relikt ist möglich.

Ihr Hauptverbreitungsgebiet ist das Tal der Sauer in Luxemburg. Man findet sie auf der Harcheslay bei Altlinster, bei Heffingen, Fischbach und etwas abseits bei Eichelbour nahe Larochette sowie am Rötschlä bei Beaufort/Befort. In den Wäldern um Burglinster wurden mehrere kartiert, unter anderem zwei Einzelfelsen bei »Auf Buchholz« mit zwei Gleitfurchen und Lochstufen. Drei bemerkenswerte Gleitfurchen in Rollingen/Mersch in Mittelluxemburg hat Jean-Marie Sinner im *Bulletin de la Société Préhistorique Luxembourgeoise* 2008 beschrieben. In Deutschland wurde eine Gleitfurche an einer Stelle des deutschen Ufers der Sauer, bei Bollendorf, genannt. Auf dem Ferschweiler Plateau ist die Ritschlay mit zwei Furchen durchzogen. Hier vermuten Archäologen, dass es sich um die Reste einer keltischen Industrieanlage handelt, nämlich die Schmelzausläufe aus Lehmöfen zum Bronzeguss.

Die ausführlichste Beschreibung dieser Art Anlage lieferte bereits 1939 der Archäologe Ernest Schneider in seinem Buch *Material zu einer archäologischen Felskunde des Luxemburger Landes*. Er listete 15 Orte mit Gleitfurchen aus Luxemburg auf, verglich sie mit ähnlichen Rillen weltweit, kam zu dem Schluss, es könne sich um Reste keltischer

Schmelzen handeln, stellte aber auch fest, dass die Furchen zu seiner Zeit von Kindern noch als Rutschbahn genutzt wurden.

Ob sie nun – und das scheint doch eher eine Zweitnutzung gewesen zu sein – als Kinderrutschen dienten, Teile von Hochöfen waren, möglicherweise in Einzelfällen Karrenspuren aus einem Steinbruch, Rillen zur Steingewinnung oder gar etwas Kultisches, das wir heute nicht mehr verstehen – die Gleitfurchen des Sauertals und der angrenzenden Moselregion sind ziemlich einzigartig. Es gibt im deutschsprachigen Raum keine weitere Gegend mehr, in der man sie findet.

Karrenspuren

Nicht verwechseln mit den nach wie vor mysteriösen Gleitfurchen sollte man ganz gewöhnliche Karrenspuren, die man überall dort antrifft, wo in Antike und Mittelalter eisenbereifte Holzräder über einen Straßenbelag aus Fels oder Pflaster rollten.

Das schönste Beispiel an der Mosel sind die römischen Karrengleise bei Mörsdorf im Kreis Cochem-Zell. Auf einer Länge von 30 Metern sind die Wagenspuren zwei Zentimeter tief in den Schieferfels gegraben, die Römerstraße weist eine beträchtliche Steigung von knapp 20 Prozent auf. Aber auch die Römerstraße mit Gleisen im Dosbachtal, einem Seitental des Müllertals, ist einen Ausflug wert. Hier haben sich die Rillen in Sandstein gegraben und wurden noch im 19. Jahrhundert genutzt, damit schwere Karren nicht aus der Spur liefen.

Dodekaeder

Dodekaeder sind seltsame, fußballartige Metallgebilde aus der römischen Zeit, wörtlich: »Zwölfflächer«, deren Bedeutung man nicht einmal im Ansatz erraten kann. Sie wirken technisch und haben an den Stellen, an denen die Kanten zusammentreffen, oft noppenartige Erhöhungen, die Flächen sind von Löchern durchbrochen.

Von Spielzeug für Kinder und Würfel für Erwachsene, Spitzen magischer Stäbe bis hin zu Kultgaben ist bisher so ziemlich jede Erklärung in Erwägung gezogen, nie aber all-

Das Münster von Thann im Elsass.

Der Südpunkt des Lothringer Kreuzes, die Kathedrale von Saint-Dié.

X

Der Mittelpunkt des Lothringer Kreuzes: St. Hydulphe von Moyenmouthier.

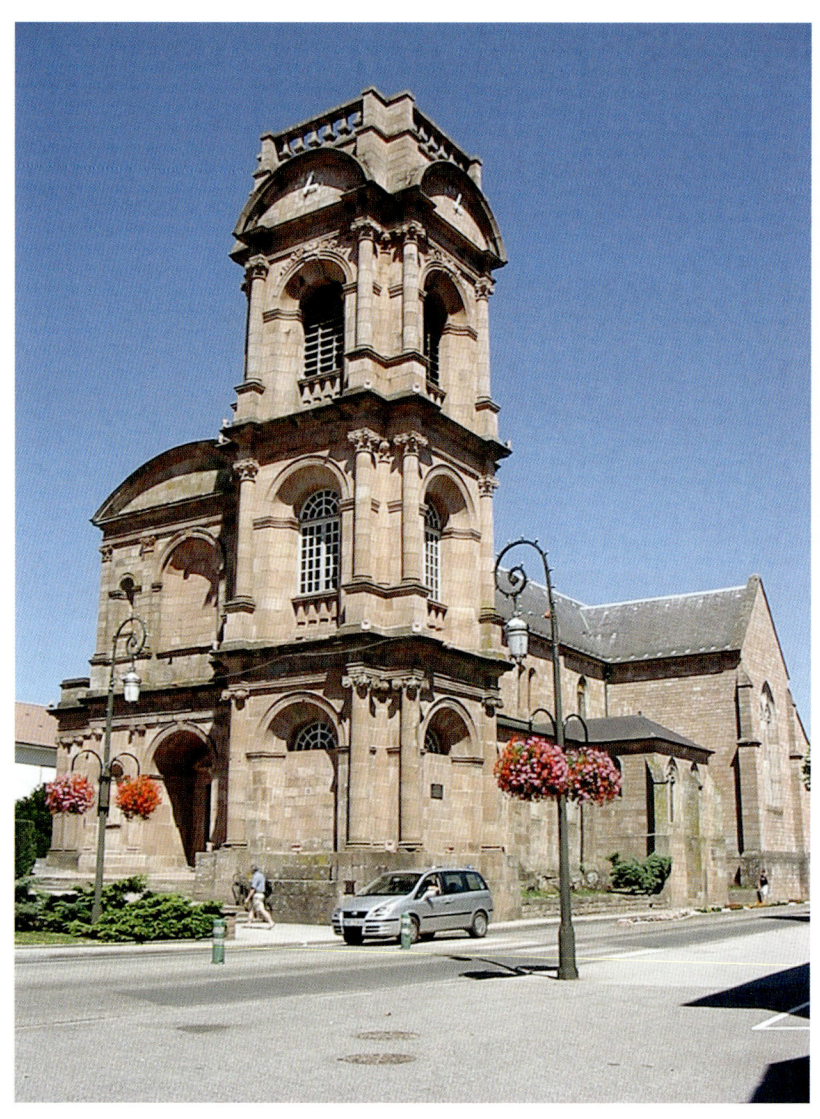

Der Westpunkt, die Abteikirche Notre-Dame in Étival-Clairefontaine.

St. Matthias in Trier, das einzige Apostelgrab nördlich der Alpen.

Das einzige Schloss, durch das eine Bundesstraße führt: das Schloss von Kobern-Gondorf.

Der Tatzelwurmbrunnen von Kobern-Gondorf.

Doch eher römisches Grabmal als Astronautenarchitektur:
die Igeler Säule.

Römisch-keltische Dodekaeder aus dem Eifelgebiet.

gemein anerkannt worden. Sicherlich spielt irgendeine esoterische Bedeutung mit, denn das Dodekaeder ist ein sogenannter platonischer Körper, ein geometrischer Archetyp, den viele Kulturen kennen, aber jeweils anders interpretieren.

Dodekaeder stammen aus der Römerzeit, man fand sie jedoch stets in Tempeln, in denen man keltische Götter verehrte. In der Moselregion wurden Exemplare in Trier, Dalheim und Goeblingen in Luxemburg sowie in der Alteburg bei Zell an der Mosel ausgegraben. Ein besonders berühmtes Exemplar kommt aus der Römerstadt Schwarzenacker im Saarland, dort wurde auch ein großes Modell des Dodekaeders aufgestellt.

Außerirdische Besucher in grauer Vorzeit

Es ist wieder etwas stiller geworden um die Behauptungen des Schweizers Erich von Däniken, Besucher aus dem Kosmos seien vor Urzeiten auf die Erde gekommen, hätten dort den Menschen geschaffen und uns zahllose bis heute rätselhafte Monumente hinterlassen. Däniken war nicht der erste, der diese These aufstellte – vor ihm taten dies der Franzose Robert Charroux, der Italiener Peter Kolosimo und der Brite Raymond Drake – und er war auch nicht der letzte. Viele seiner Fans wären sicherlich überrascht, wenn sie herausfänden, dass die meisten seiner »Geheimnisse« längst gelöst und die »einzigartigen« Mysterien nicht nur im fernen Ausland zu finden sind, sondern direkt vor der Haustür. Die Karrenspuren sind nur ein Beispiel dafür.

Auch an der Mosel kann man manchen der vorgeblichen Geheimnisse nachspüren, die Däniken seinen Lesern präsentierte, aber noch niemand hat diese Rätsel literarisch ausgebeutet. Und: Es gibt hier mindestens eine wirklich mysteriöse Geschichte, nämlich die einer schwebenden Götterstatue in Trier, auf die später eingegangen wird.

Däniken erblickte alte (und oft gar nicht so alte) Felsbilder und sah in jedem Strichmännchen einen Raumfahrer, in jedem Kreis ein kosmisches Gefährt. Hier zumindest hatte er in Willi Schillings einen gelehrigen Schüler. In seinem Buch *UFOs und alte Steine* sammelte Schillings zahllose traditionelle und moderne Berichte aus Luxemburg, der Eifel und Belgien, die von Lichtern, weißen Frauen und Gespenstern handelten, und zog vielerlei Parallelen zu modernen Meldungen über UFOs und ihre Insassen.

Ein Felsbild aus Berdorf in Luxemburg, in der Nähe von Echternach, das eine Art Raute mit zwei Beinchen zeigt und keltischen Felsbildern von Hütten ähnelt, deutete er als Flugobjekt, das einem Stealth-Bomber F-117 A der U.S. Air Force gleiche. Und eine weitere Felsengravierung aus dem Müllertal, eine pfeilartige, 20,5 Zentimeter hohe und 14,5 Zentimeter breite Gestalt, hatte für ihn »auffallende Ähnlichkeit mit einem Flugobjekt«. Bei beiden Interpretationen bedarf es allerdings einer gewaltigen Überzeugung – der Pfeil sieht schließlich einfach wie ein Pfeil aus. Forscher sehen darin eine stilisierte menschliche Figur.

Schillings übrigens dachte nicht an Kontakte mit Außerirdischen in der Vorzeit, sondern an Schamanen, die in der Steinzeit durch die Einnahme von Drogen in die Zukunft sehen konnten und moderne Düsenjäger in Felswände ritzten.

Dänikens Vorläufer und Ideengeber Robert Charroux entdeckte viele Belege für den angeblichen Besuch von Raumfahrern in der Vorzeit im heimatlichen Frankreich. Zu seinen Funden gehörten die – ihm zufolge – geheimnisvollen »hermetischen Türme«: scheinbar nutzlose hohe Säulen aus Steinquadern oder Ziegelmauerwerk ohne Tür, Fenster und Innenraum, etwa in Cinq-Mars-la-Pile im Departement Indre-et-Loire oder in Villepouge im Süden Frankreichs. Zwei bildete er in seinem Buch *Die Meister der Welt* ab, die Türme von Ébéon in der Region Poitou-Charentes und den von Pierrelong nahe Saint-Romain-de-Benest. Ein Blick auf die Bilder reicht und man erkennt darin römische Grabmonumente, die die Straßen außerhalb der Städte säumten.

So betrachtet gibt es auch in Igel bei Trier einen solchen »hermetischen« Turm, der noch heute sehenswert ist (siehe BT XVI).

Die Säule von Igel, kolorierter Stich von Edward Rooker.

Dazu Carl Fr. Quednow 1820 in *Beschreibung der Alterthuemer in Trier und dessen Umgebungen aus der gallisch-belgischen und romischen Periode:*

> Die meiste Aehnlichkeit hat [das Grabmal] mit einem viereckigen, auf allen Seiten mit Säulen und ein wenig erhobenen Bildern geschmückten Thurme, und ist mit einem ausgebauchten piramidalisch geformten Dache versehen, auf dessen Spitze eine Figur, auf einer von Sphinxen getragenen Kugel kniet. Der viereckige Theil läßt sich füglich in die Plinte, in das mit Säulen und Hauptgebälke versehene Stockwerke, in die Antike und in das auf diesem befindliche Fronton abtheilen.

Ganz interessant ist, dass sich unter den Skulpturen an der Säule Darstellungen von Seeungeheuern und Delphinen befinden.

In Kappadokien in der Türkei gibt es bis zu mehrere Stockwerke tiefe unterirdische Städte. Sie sind die Stars mehrerer Bücher Von Dänikens, der darin wechselweise von Außerirdischen angelegte Bauwerke und Fluchttunnel der Einheimischen, die außerirdischen Angriffen entgehen wollten, sieht. Auch in Mendig nahe der Mosel findet sich eine solche Anlage – nur kennen wir hier die Ursprünge genau. Arbeiter mussten an hartes Gestein kommen, das durch den Ausbruch des Laacher Vulkans unter einer meterhohen Bimsschicht verschüttet war. Man grub also erst in die Tiefe, bevor man mit dem Brechen der Steine beginnen konnte. Dr. H. Mr. Malten berichtet in seiner *Neuesten Weltkunde* (1841):

> In der Nähe des Laachersees, bei Bell, Kattenheim, Mayen, Ober- und Nieder-Mendig[,] werden Backofen- und Mühlsteine gegraben; die letzten sind ihrer Güte wegen berühmt, weshalb sie weit hin verschickt werden, was vorzüglich über Andernach geschieht. Die Steine von Mayen werden 80 bis 90 Fuß tief unter der Oberfläche gegraben und durch Winden ans Tageslicht befördert. Sie kosten zwischen 9–60 Gulden.

Der Naturforscher Jakob Nöggerath besuchte die unterirdischen Steinbrüche im Jahr 1870. Er schildert seine Eindrücke in *Der Laacher See und seine vulkanischen Umgebungen:*

> Ein ziemlich bequemer, mit Treppenstufen versehener, schräg niedergehender unterirdischer Gang führt entweder unmittelbar bis in die Tiefe der Steinbrüche oder nur bis in die

unteren Theile des Schachtes und dann auf einer kleinen Leiter abwärts. [...] Die hohen und weiten, gewölbartig ausgebrochenen schwarzen Hallen der Steinbrüche, welche sich in vielfachen Richtungen unterirdisch hinziehen, sind bei der Fackelbeleuchtung von ausgezeichnet schönem malerischen Effekt. Die zahlreichen, beim Gewinnen der Steine beschäftigten Arbeiter mit ihren Grubenlichtern und das Fortbewegen der schweren Blöcke bieten dazu die reichste Staffage dar.

Schon damals wurden die ausgebeuteten Hohlräume einer weiteren Nutzung unterzogen:

Noch ist eine andere Industrie zu erwähnen, welche sich an unsere Steinbrüche anschließt. Die ausgewonnenen großen Räume werden wegen ihrer niedrigen Temperatur sehr zweckmäßig zu Bierlagern benutzt. Aus Neuwied, selbst aus Bonn und Köln wird das Bier zum Ablagern dahin verführt; auch befinden sich bei den Brüchen selbst große Bierbrauereien. Ganz vortrefflich ist das hier abgelagerte Bier, welches großen Ruf hat und selbst bis nach Paris versandt wird. Nicht blos einzelne Eiszapfen hängen in den Gruben sogar im heißesten Sommer von den Decken herab, sondern der Steinbruchsschutt, womit ausgewonnene Räume in den Gruben mauerartig ausgesetzt werden, ist oft mit Eis so fest verbunden[,] daß, wenn er entfernt werden soll, Sprengarbeit dabei angewendet werden muß. Die Gruben sind natürliche Eiskeller. Für die eingehende Erklärung dieser Erscheinung gebricht es hier an Raum. Sie ist aber im Allgemeinen in der Verdunstung des Wassers und dem Unterschied des spezifischen Gewichtes warmer und kalter Luft begründet.

Heute können die ehemaligen Steinbrüche und Bierkeller im Rahmen eines Besuchs des Vulkanmuseums »Lava-Dome« in Mendig erforscht werden!

Ein wahres Geheimnis aber scheint es an der Mosel gegeben zu haben, das auf eine unbekannte Technik hinweist, wenn die alten Chroniken nicht übertreiben: das der schwebenden Götterstatue von Trier.

Den Aufzeichnungen der *Gesta Trevirorum* zufolge, den von Mönchen der Benediktinerabtei St. Matthias gesammelten Legenden, Sagen und Dokumenten aus Trier, deren Zusammenstellung im Jahre 1105 begonnen und erst 1794 beendet wurde, stand nämlich an der Moselbrücke zur Römerzeit ein Merkurtempel. Dort gab es einen hohen Bogen. »In diesem brachten sie ein großes ehernes Bild Merkurs zum Schweben, indem sie einen Magnetstein im Gewölbe und einen anderen unten im Boden des Bogens einfügten, so daß das mächtige Eisenbild in der Luft hing.«

Geschichte war ganz anders ...

Man hat also über Aliens in der Frühgeschichte an der Mosel spekuliert, und wenn man auch nicht den Rätselkontinent Atlantis selbst dort verortet hat (an der Saar, bei Blies-brücken, allerdings schon!), so zumindest die Einschlagskrater des Kometen, der die In-sel vernichtete. Der Frauenarzt Wilhelm Pilgram glaubt sie in der Eifel entdeckt zu haben – es sind die Maare, Trockenmaare und der Laacher See, wie er in vielen Aufsätzen und zwei Büchern belegen will: *Die Maare der Eifel und der Sintflutkomet* (2009) und *Maare – Die dunklen Augen der Landschaft Westeifel – Eine Jahrtausendentdeckung* (2009).

Zu den vielen umstürzlerischen Theorien der Geschichtsforschung, die den ehemali-gen Ort von Atlantis, die Stationen der Irrfahrten des Odysseus oder die Bauten extrater-restrischer Besucher entdeckt haben wollen, zählt auch die Behauptung, das deutsche Nationalepos von den Nibelungen spiele nicht in Worms und Ungarn, sondern ganz wo-anders, nämlich in der Eifel und in Soest in Westfalen. Die These beruft sich nicht auf das Nibelungenlied, sondern auf die viel später nach dem Hörensagen in Skandinavien verfasste Dietrichsage. Den Anfang bei dieser »Ketzerei« machte 1862 A. W. Krahmer in seinem Werk *Die Urheimath der Russen in Europa und die wirkliche Localität und Bedeu-tung der Vorfälle in der Thidreksaga*. Er lokalisiert den Untergang der Nibelungen in Soest, die große Schlacht zwischen den Söhnen Etzels und Witichis, die sogenannte Raben-schlacht, demnach auch nicht bei Ravenna, sondern bei Gronsport an der Mosel: Die Sage beziehe sich ursprünglich »auf den Mosellandsee bei Engelport und Valding«. Die Mosel als Emilia-Romagna Deutschlands?

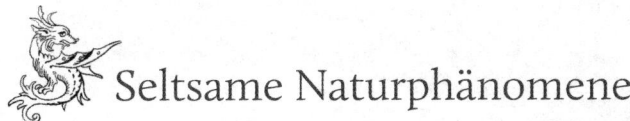

Seltsame Naturphänomene

Manchmal spielt die Natur verrückt oder bietet ergreifende Schauspiele. Das muss nicht immer mysteriös oder unerklärlich sein und kann dennoch erhebend wirken – man denke nur an ein heftiges Gewitter oder einen Regenbogen. Manche Naturerscheinungen, etwa Kugelblitze, Erdbebenlichter oder mysteriöse Luftexplosionen, stehen am Rande des wissenschaftlich Akzeptierten, ohne dass man die Wirkmechanismen kennt.

Seltsame Geräusche

Eifelmaare »brüllen«, so heißt es, wenn der Eispanzer im Winter durch kleine Bewegungen in Vibrationen gerät und wie ein Trommelfell tönt.

Im eisigen Winter 1929 waren die Dauner Maare (siehe BT 1) zugefroren. Liselotte Dohm fuhr mit dem Auto über die Eisdecke des Gemündener Maars. »Wir fuhren sehr langsam und näherten uns der Mitte. [...] Wir hörten auf einmal grausig dumpfe Töne. Woher mochte dies Grollen kommen? War das vielleicht eine Warnung? Nun wurde es uns allen sehr beklommen zumute. Wir wollten nur noch zurück und erreichten auch unversehrt das Ufer.« Ein »überirdisches Brüllen« ließen die Maare hören, wenn das Eis im Frühjahr taue, berichtete auch die *Neue Mannheimer Zeitung* am 9. Januar 1939.

Sicherlich etwas anderes ist das gewesen, was zwei Luxemburger im 19. Jahrhundert auf einer (heute nicht mehr vorhandenen) Moselinsel zwischen Wormeldingen und Ahn hörten, der sogenannten Greng. Die Greng, eine kleine, mit Gras und Weidenholz bewachsene Insel, lag nahe am deutschen Ufer. Eines Abends gingen zwei Männer in Luxemburg spazieren, da hörten sie, wie Lehrer Konert zu Hollerich dem Sagensammler Ni-

Die Maare der Eifel sollen brüllen, wenn die Eisdecke bricht – Schnee auf dem Weinfelder Maar.

kolaus Gredt meldete, gegenüber dem Greng »von der Insel her ein gewaltiges Krachen, dann ein Geräusch, als ob ein Haus zusammenstürzte. Zur gleichen Zeit hörten sie die Tritte eines Dritten, der neben ihnen einherschritt. Sehen aber konnten sie niemand. Dieses seltsame Geräusch und die Tritte des Unsichtbaren wurden auch von anderen öfters vernommen.«

Diese Geschichte, die Gredt 1883 in seinem *Sagenschatz des Luxemburger Landes* veröffentlichte, klingt eher nach einem traditionellen Spuk als nach einem unbekannten Naturphänomen, aber das ist ja bei zahlreichen unerklärlichen oder zumindest rätselhaften Erlebnissen der Fall – man kann sie in vielen unterschiedlichen Schubladen ablegen. Klassifizierung der Naturphänomene ist immer Menschensache, die Natur muss sich nicht daran halten.

121

Sterne taumeln über Trier

Die Wissenschaft spricht von »Szintillation«, wenn aufgrund atmosphärischer Bedingungen ein Stern seine Helligkeit und seine Farbe verändert und manches Mal sogar in der Luft zu zittern scheint. Das Phänomen ist an heißen Sommerabenden in weiten Ebenen leicht zu beobachten, manchmal aber ist die Wirkung so sensationell, dass es den Zeugen den Atem raubt.

So auch bei dem Trierer Fall, der sich 1851 zutrug. Herr Flesch, Oberlehrer der Mathematik und Physik am Gymnasiuin Trier, berichtet in der *Wochenschrift für Astronomie, Meteorologie und Geographie* vom 22. März 1851:

Die Erscheinung des Sternschwankens beim Sirius habe ich nicht selbst beobachtet; dieselbe ist von mehrern (5) zuverlässigen Personen gesehen worden und war, als ich dazu gerufen worden, leider schon vorüber. Ich füge die einfache Erzählung des Vorganges, wie er mir berichtet worden, hier bei und stelle Ihnen anheim, ob Sie davon weitern Gebrauch machen wollen.

Am 20. Januar [1851] Abends zwischen 7 und 8 Uhr, vor Aufgang des Mondes, sahen zu Trier ein Ober-Primaner des Gymnasiums, Namens [sic] Keune, und der Sattlermeister Herr Thuguth daselbst, zwei durchaus zuverlässige Personen, nebst des Letztern Familie, unfern des Horizontes den Sirius, einen der prachtvollsten Fixsterne unseres Himmels, in einer wunderbar schwankenden Bewegung; indem der Stern bald auf-, bald abwärts ging, bald nach der linken, bald nach der rechten Seite hinschwankte, bisweilen auch in einem Bogen sich zu bewegen schien. Diese verschiedenen Bewegungen des Sterns wurden während einer halben Stunde – wie die Beobachter meinen – anhaltender, aufmerksamer Betrachtung zu wiederholten Malen und von allen Beobachtern stets in demselben Sinne wahrgenommen. Oberprimaner Keune, [sic] sah mit dem Kopfe an eine Mauer unverrückt angelehnt, den Sirius in geringer Höhe über einem benachbarten Hause stehen und hinter dem Dache desselben bald verschwinden, bald wieder zum Vorschein kommen. Die Bewegungen des Sterns waren so bedeutend, dass die Beobachter lange glaubten, jenes bekannte Spielwerk der Knaben, einen fliegenden Drachen, der mit einer brennenden Laterne versehen sei, vor Augen zu haben. Auch schien der Stern an Glanz bald ab-, bald zuzunehmen, bisweilen sogar auf Augenblicke verschwunden zu sein. Als sich die Beobachter von der wahren Natur des Phänomens überzeugt hatten, konnten sie bei fortgesetzter Betrachtung desselben, ihrer Aussage nach, eines unheimlichen Gefühles sich nicht erwehren.

Die Fee Morgana

Früher hielt man Luftspiegelungen für das Werk der Fee Morgana, einer bösen Zauberin. Einige Meldungen über solche Fata Morganas stammen von der Moselregion.

Das erste publik gewordene Geschehnis ist allerdings vielleicht eher überinterpretiert worden. Am 28. Juli 1920 gegen 19 Uhr sahen neun ältere Schüler von Iggelbach im Pfälzerwald aus ...

... deutlich und klar im Westen nach der untergehenden Sonne zu und zwar rechts von dieser einen großen Fluß mit einem Schiff darauf. An seiner Mündung stand nahe einer Stadt eine Burgruine, ähnlich der Elmsteiner Burg. Ferner erblickten die Kinder einen großen Wald und in der Nähe eine zweite größere Stadt mit einem hohen Kirchturm. »Alles in gelblichem Lichte.« Die Sonnenscheibe war hierbei sehr groß und der Gehalt der Luft an Feuchtigkeit sehr stark. – »Das Bild sahen die Kinder etwa eine Viertelstunde lang. Dann fürchteten sie sich und gingen heim. Dann wurde es düster!«

Der Gelehrte Dr. Häberle deutete diese Vision als Luftspiegelung und zwar von der über einhundert Kilometer entfernten Mosel! »Die zwei Städte und die Ruine, die Einmündung eines Flusses in einen Hauptstrom sowie die Himmelsrichtung W.N.W. stimmen am besten auf Conz an der Mündung der Saar in die Mosel, sowie auf die Stadt Trier mit seinem [sic] hochragenden Dombau.« Man muss kein ausgeprägter Skeptiker sein, um zu vermuten, dass hier in die Beschreibung wohl durch Luftspiegelung verzerrter Tannen und Felsen etwas »hineingeheimnist« wurde!

1934, am 16. Oktober (*Meteorologische Zeitschrift* 1935) oder am 26. September (*Zeitschrift für Angewandte Meteorologie* 1935) wurde eine seltene Naturerscheinung bei Wittlich beobachtet. Die *Meteorologische Zeitschrift* schreibt:

Am Himmel im Nordwesten der Stadt tauchte in den Vormittagsstunden das Bild einer Weinbergslandschaft in übernatürlicher Größe auf. Über den Bergen gegen Hupperath hin, die im Nebel lagen, sah man hoch aufragende, mit Wald gekrönte und mit Reben in den Hängen bestandene Berge, deren Höhe schätzungsweise 1 500 bis 2 000 m betrug. Gelbe Flecke und graue Streifen machten zunächst das Luftbild undeutlich. Allmählich aber wurde es immer klarer, und schließlich war die Landschaft genau zu erkennen. Es waren die Berge des Liesertales zwischen Wittlich und Minderlittgen, die Wittlicher Weinberge mit den Wiesen im Tal und den Waldkronen auf den Höhen. Sie schienen in höchste Luftregionen gehoben und waren so stark vergrößert, daß man genau die Reihen der Reben in den Weinbergen, die grauen Streifen als die Weinbergsmauern[,] die gelben Flecke als die Wege erkennen konnte. Jeder einzelne Baum und Strauch auf den Höhen oder im Liesertal wurde aufs deutlichste im Spiegelbild gezeigt. Etwa eine Stunde lang stand die Fata Morgana über den Eifelbergen bei anhaltender Schärfe in der Luft. Gegen Mittag erschien schließlich noch ein zweites Luftspiegelungsbild über dem Ort Großlittgen in einer Höhe von etwa 2 000 m, das eine Eifellandschaft mit Feldern, Wald und Landstraße zeigte, jedoch nicht so deutlich war wie das erste und in etwa zehn Minuten zerrann.

Tornados

Meteorologisch betrachtet sind Tornados nicht sonderlich rätselhaft, obwohl man die Mechanismen hinter dieser Naturerscheinung erst zu Beginn des letzten Jahrhunderts überhaupt erst verstand.

Aber ein Tornado, der zudem noch über die Mosel fegt, ist ein beeindruckendes Naturschauspiel und könnte, wenn man nicht weiß, um was es sich handelt, durchaus zu ganz seltsamen Deutungen führen.

Der Tornado, der 1829 über Trier zog, rauschte später auch durch sämtliche meteorologischen Zeitschriften Europas, weil der berühmte französische Forscher François Arago den Fall untersuchte. Jakob Meyer berichtet 1847 in *Die Erde in ihrem Verhältniss zum Sonnensystem und als planetarisches Individuum:*

Gegen 2 Uhr Nachmittags zeigte sich eine Meile unter Treves [Trier] nordöstlich von Ruwer und Pfalzel ungefähr 20° über dem Horizonte ein auffallendes Phänomen, welches eine auf dem Felde beschäftigte große Anzahl von Menschen sehr beunruhigte. Der Himmel war in Folge des Statt gehabten Regens noch bedeckt, als sich mit einem Male mitten in einer in Nordosten aufsteigenden schwarzen Wolke eine leuchtende Masse zeigte, welche sich nach entgegengesetzter Richtung zu bewegen anfing, und die Wolke mit Heftigkeit zerstreute. Die Wolke nahm bald am oberen Ende die Form eines Schornsteins an, aus welchem ein weißgrauer Rauch aufstieg, der von Lichtflammen unterbrochen wurde, die durch mehrere Oeffnungen mit einer solchen Kraft aufstiegen, als wenn sie durch etliche Blasebälge mit der größten Heftigkeit fortgetrieben würden. Das Meteor [das Wort meint eine atmosphärische Erscheinung] war über die Weinberge von Diesburg, Ruwer gegenüber, fortgeschritten, als in einiger Entfernung südlich an dem rechten Ufer der Mosel ganz in Berührung mit dem Boden ein neues Meteor auf eine fürchterliche Weise erschien. Es zerstreute die um einen Baum angehäuften Kohlenmassen, warf einen Arbeiter eines Kalkofens um und stürzte sich mit einem fürchterlichen Krache in die Mosel, wobei das Wasser in einer hohen Säule aufstieg. Mit demselben Geräusch rückte dieses immer mit der Erde in Verbindung stehende Meteor von der Mosel über die Felder von Pfalzel und ließ deutliche Spuren seines zickzackigen Weges durch die Getreidefelder zurück. Ein Theil des Getreides wurde ganz zerstört, ein anderer Theil zu Boden geschlagen und der Rest weit in die Luft zerstreut. Mehrere Frauen, in deren Nähe das Meteor war, wurden ohnmächtig, und andere weiter entfernte verkrochen sich, oder entflohen mit Geschrei. Die Felder standen ganz in Feuer. Zwei Arbeiter, welche auf einen Baum gestiegen waren, beobachteten das Meteor in seinem ganzen Verlaufe, und ein anderer hatte sogar den kühnen Gedanken, es zu verfolgen, was leicht möglich war, da man blos einen gewöhnlichen Schritt zu gehen brauchte. Aber in einem der Zickzacke, welche er beschrieb, umgab das Meteor diesen Arbeiter mit einem Male; er fühlte sich bald vorwärts gezogen und bald stark gehoben, er neigte sich und stützte sich mittelst seiner Geräthschaften gegen den Boden, aber dennoch wurde er umgeworfen, der Wirbel verlies ihn jedoch und setzte seinen Weg fort. Er hatte keine besondere Empfindung des Geruchs oder Geschmacks, sondern blos das betäubende Geräusch, und er behauptete, daß in dem Meteore zwei Strömungen stattgefunden haben, die eine in schiefer Richtung aufwärts, die andere von einer gerade entgegengesetzten Richtung. Der Weg, welchen sich das Meteor durch die Felder gebildet hatte, war nach den verschiedenen Angaben 10 bis 18 Schritte breit und 2 100 Schritte lang. Seine Form war fast konisch und seine Farbe bald weißgrau oder gelb, bald dunkelbraun, gewöhnlich aber hatte es die Farbe des Feuers. Das erste Meteor befand sich in der Luft über dem zweiten, war fast zu demselben parallel und lag weiter gegen Norden zu. Während ungefähr 18 Minuten zeigte es eine große weißgraue Masse, welche oft den rothen Rauch der Flamme zu durchbrechen schien und in einer Entfernung von etwa einer halben Meile erschien es als eine schlangenförmige Gestalt von 140 Schritt Länge, deren Kopf gegen Nordosten, deren Schwanz nach der entgegengesetzten Seite gekehrt war. Nach 8 bis 10 Minuten neigte sich der Schwanz abwärts und in dem Augenblicke, wo er die Erde berührte, verschwand das ganze Phänomen und zugleich auch das untere Meteor, ohne daß, wie ein Augenzeuge versicherte, eine Explosion stattgefunden hätte. Aber es verbreitete sich auf dem ganzen Felde ein starker Schwefelgeruch. Gleich darauf zeigte sich über den nordöstlich von dem Orte, wo das Meteor stattgefunden hatte, liegenden Hölzern ein Gewitter und wurde von Hagel mit ungewöhnlich dicken Körnern begleitet.

Am 1. Mai 1835 um 14.30 Uhr erschien eine »Erdtrombe« (ein Tornado), der zur »Wasserhose« wurde, über der Moselmündung bei Koblenz. Dort vollführte der Wirbelwind mancherlei Schabernack, wie der Medicinal-Assessor Mohr in Coblenz überliefert: »Eine Frauensperson, welche mit einem Korbe voll Kraut auf dem Kopfe aus dem Felde kam, wurde davon zu Boden geworfen, der Korb mit dem Kraute aber hoch durch die Luft auf die andere Rheinseite fortgeführt.« Nachdem die Trombe am Deutschen Eck gewütet hatte, …

… bewegte [sie] sich in der angenommenen Richtung rasch fort gegen das etwa 100 Schritte entfernte linke Ufer der Mosel. Hier veränderte sich das ganze Schauspiel und nahm eine andere Gestalt an. Die Erdtrombe wurde eine Wasserhose, und indem sie über die Oberfläche der Mosel quer nach dem rechten Ufer hinübereilte, wühlte sie das Wasser in so wildem Brausen auf, daß es, auf der ganzen Basis schäumend, auf eine bedeutende Höhe wirbelnd heraufgezogen wurde, während außerhalb des Wirkungskreises der Wasserspiegel weder gestört noch getrübt wurde. Der Trichter nahm eine Ausdehnung über die Hälfte des Flußbettes ein, und mitten aus diesem Trichter schien eine grauweiße Dunstsäule von Mannesdicke hervorzusteigen, deren Ansehen und Bewegung alle Zuschauer mit dem Wasserdampfe aus den Dampfmaschinen verglichen, wenn das Ventil geöffnet wird. Die Säule schien zu einer unberechenbaren Höhe heraufzusteigen, während sich aus den Höhen ein Wolkenkegel herabsenkte und mit derselben vereinigte. In dieser Form und Richtung gelangte sie an die Landspitze vom rechten Moselufer, an der Ecke des ehemaligen deutschen Hauses, wo die Mosel mit dem Rhein zusammenfließt. Hier schien das ganze Meteor einen Augenblick still zu stehen, nahm aber gleich seine Richtung in gerader Linie quer über den Rhein gegen den Ehrenbreitenstein hin, und, am dortigen Ufer angelangt, warf es das Wasser 8 bis 10 Fuß hoch auf das Ufer, und schleuderte zugleich eine Menge Sand und kleine Steine gegen das am Ufer gelegene Gartenhaus [...] Die Wasserhose rückte nun fort über die Mauer in den anstoßenden Garten und hat viele Zerstörungen darin angerichtet.

Über eine weitere Wasserhose, am 21. Oktober 1886 bei Fell im Landkreis Trier gemeldet, sind leider keine Einzelheiten bekannt, genausowenig wie über die seltene »Wolkenerscheinung in der Abenddämmerung zu Koblenz« am 28. März 1856, die *Weber's illustrirter Volks-Kalender für das Jahr 1858* aufführt.

Die Mosel erstarrt zu Eis

Heute, im Zeitalter der globalen Erwärmung, klingt es schon unglaublich, dass Mosel oder Rhein zufrieren. Früher geschah das, wenn nicht jeden Winter, so doch häufig genug.
In den Worten des *Antiquarius der Neckar-Main-Mosel- und Lahnströme,* anno 1781:

Das harte Wasser dieses Flußes wird ohngeachtet seiner grossen Tiefe und seines strengen Lauffes gar leichtlich durch die Kälte bezwungen, und mit Eis überzogen, worzu [sic] dessen viele Drehung und Wendungen nicht wenig beytragen, indem er fast alle Stunden, ja an theils Orten in noch weniger Zeit in eine Berg-Ecke eingeschloßen wird, an welche sich das Eis feste setzet, und hernach an einander hänget. Man siehet es alsdann, wenn der Fluß bey einfallenden Thauwetter aufbricht, mit Erstaunen an, wie sich das Eis an manchen Orten des Ufers häußerhoch aufthürmet, und auf einander setzet; auch so lange liegen bleibet, bis es nach und nach zerschmeltzet. Nichtweniger Verwunderung erwecket es, wenn man oberhalb Trarbach den Strom hinaufschauet, und derselbe das Ansehen gewinnet, als käm er aus den Wolken heraus geflossen.

Ende 1708 fror die Mosel erneut auf spektakuläre Weise zu, wie Johann Leonardy es in der *Geschichte des trierischen Landes und Volkes* (1870) nach dem Bericht der *Gesta Trevirorum* anschaulich schildert. Damals stieg die ...

... Mosel, vorher durch anhaltende Regengüsse angeschwellt, [...] bis in die Stadt Trier hinein; da trat plötzlich in der Nacht vom 5. auf den 6. Januar ein heftiger Wind mit ungewohnter Kälte ein, so daß die Mosel und alle ihre Zuflüsse fest zufroren. Die Menschen wußten sich kaum vor der Kälte zu schützen. Der Athem gefror in der Nacht über den Bettdecken zu Eis und in den geheizten Zimmern erstarrte alles Flüssige zu Eis, selbst das Brod. Hausthiere, Wild und Vögel starben dahin. Dieser entsetzliche Zustand dauerte bis zum 25. Januar. Da begann es zu regnen und am 28. brach die anderthalbe Elle [ein Meter] dicke Eisrinde der Mosel mit ungeheurem Gekrach, zerstörte sehr viele Schiffe und auch Häuser. Der Regen verwandelte sich auf einmal in Schnee und neuer Frost fiel ein. Als jetzt ein leiser Regen herabrieselte, brach das Eis zum zweiten Male und die Mosel wuchs, bis sie am 14. Februar das sechste Haus in der Krahnenstraße erreichte; am 19. Februar trat heftiger kalter Wind ein, von Frost begleitet; am 21. fiel viel Schnee und die Mosel überzog sich zum dritten Male mit einer Eisdecke. Am 26. Abends zwischen 9 und 10 Uhr bei hellem Mondschein und grimmiger Kälte schreckte ein Nordlicht die Bewohner der Stadt und des Landes.

Am 10. Februar 1830 wird ein »schrecklicher Eisgang der Mosel bei Coblenz« gemeldet, im Dezember 1835 füllten sich Mosel und Saar mit Eis »und stellten sich zu verschiedenen Malen und an mehrern Orten zu, Letztere, die Saar, stellenweise so fest, daß die Eisdecke Lastwagen trägt«, wie die Trierer Zeitung *Treviris* am 16. Januar 1836 meldete.

Auch der Laacher See ist schon zugefroren, so schreibt die *Frankfurter Ober-Post-amts-Zeitung* am 19. Februar 1838:

Coblenz, 15. Febr. Man berichtet uns, daß der Laacher See bereits seit 14 Tagen mit einer Eisdecke überzogen ist. Dieß ist um so merkwürdiger, als es seit 1784 noch kein einziges Mal geschehen ist. Der See ist so tief, daß Messungen in der Mitte desselben mit 200 Klaftern noch keinen Grund erreichten. Die Bewohner der Umgegend kommen scharenweise, um sich dieses schönen Schauspiels zu erfreuen.

Kam die Schneeschmelze, konnte das katastrophal werden. Die *Frankfurter Ober-Post-amts-Zeitung* meldete am 21. Februar 1838:

Zell, 16. Febr. Bei dem mit dem 7. d. M. eingetretenen Thauwetter waren die Bewohner des Moselufers allenthalben mit banger Besorgniß erfüllt, indem bei einem früher ziemlich hohen Wasserstand die Mosel zugefroren war und das Eis übereinander geschichtet in bedeutenden Massen sich angehäuft hatte. Allenthalben wurden bei den Gemeinden und an sonst geeigneten Orten Wächter aufgestellt, um durch Allarmschüsse die abwärts gelegenen Ortschaften von dem Aufbruch des Eises zu benachrichtigen. Den 10. brachten Eilboten die Nachricht, daß das Eis Nachmittags halb 5 Uhr sich zu Bernkastel in Bewegung gesetzt habe, und nun war man in banger Erwartung dessen, was da kommen werde. Den 11. Morgens 5 Uhr hob sich die Eisdecke oberhalb Pünderich, stellte sich aber sogleich wieder, und nun trafen andere Eilboten mit der Nachricht ein, daß auch bei Trarbach das Eis in vollem Aufbruch gewesen, sich jedoch unterhalb wieder festgestellt habe; so verging der 11. Das Thauwetter hatte nachgelassen und der Wind war in Nordwest übergesprungen, das Thermometer 1° unter Null gesunken. Niemand dachte jetzt mehr an den Aufbruch des Eises, doch wurden die Wächter zur Vorsicht auf ihren Posten gelassen, und Dank sey diesen, daß sie nicht die Sorglosigkeit ihrer Mitbürger geteilt haben. Den 12. um 2 Uhr Morgens verkündeten die Alarmschüsse von der Marienburg, Petersberg und den an der Mosel gelegenen Ortschaften, so wie das Geläute aller Glocken den Eisgang, der eine Stunde in geschlossenen ganzen Massen sich fortbewegte und nicht einmal die Ufer überschritt. Als aber die bei Trarbach aufgethürmten Massen sich heran wälzten, da war das Flußbett zu enge, das Eis thürmte sich rechts und links an den Ufern stellenweis zu 10 Fuß [drei Meter] auf, so daß den Gemeinden alle Verbindung mit den jenseits gelegenen abgeschnitten wurde und sie sich erst Bahn brechen mußten. Die Schifffahrt dürfte noch lange unterbrochen bleiben. Leider liegen in Alf die Schiffe hoch auf dem Eis gethürmt und einige sind, so wie die Brücke, hart beschädigt. Auch hier wurden einige Zinnen und Mauern eingedrückt. Außerdem ist aber kein namhafter Schaden geschehen und von dem noch zu erwartenden Eis bei Trier und auf der Saar, so wie von dem jetzt neuerdings wieder gefrornen, wird nichts mehr befürchtet.

Alles andere als leer:
Hochwassermarken
der Mosel bei Cochem –
sie ist manchmal auch
ein wilder Strom.

Trockenen Fußes durch die Mosel

Moselüberschwemmungen sind heute noch eine fast alljährliche Plage – aber gab es auch schon einmal das Gegenteil: Ist die Mosel je ausgetrocknet?

So unglaublich das klingen mag: Selbst der Rhein war bei Bonn schon einmal leer. Und die Mosel führte 1198 westlich von Koblenz so wenig Wasser, dass sich die bekriegenden Truppen von König Philipp von Schwaben und Kaiser Otto IV. am 8. September 1198 eine Schlacht im ausgetrockneten Bett der Mosel lieferten!

Der Blitz schlägt nie zweimal an derselben Stelle ein …

Das zumindest behauptet der Volksglaube. Die *Wochenschrift für Astronomie, Meteorologie und Geographie* hielt am 30. August 1865 dagegen:

> Ein Nussbaum in Trier wurde vor ungefähr 50 Jahren vom Blitze getroffen und trug noch deutlich die Narbe dieses Schlags. Unlängst traf der Blitzstrahl wieder denselben Baum und nahm auch wieder ganz dieselbe Richtung wie früher. Diese Erscheinung hat man auch schon an Bäumen beobachtet, welche mitten im dichtesten Walde standen.

Geheimnisvolle Meteorite

1805 entdeckte man in der Eifel bei Bitburg eine schwere, nickelhaltige Eisenmasse, die man für einen vom Himmel gefallenen Meteoriten hielt. Der Physiker Ernst Florens Friedrich Chladni, der Geschichte schrieb, weil er gegen den Widerstand aller Fachkollegen den Ursprung der Meteoriten aus dem Weltall belegte, schreibt über diesen Fund 1819 in seinem Standardwerk *Ueber Feuer-Meteore: und über die mit denselben herabgefallenen Massen:*

> Von einer in der Gegend von Bitburg, nördlich von Trier, gefundenen, und wahrscheinlich für immer verloren gegangenen großen Eisenmasse, hat mir der Ober-Bergamts-Assessor

und Professor der Mineralogie, Nöggerath, in Bonn, die Nachrichten gefälligst mitgetheilt, welche der Landrath Simon in Bitburg dem dortigen königlichen Ober-Bergamte auf geschehene Anfrage unter dem 10. December 1817 gemeldet hatte. Bey der Albacher-Mühle, unweit des Kyllflusses, und der Mettericher Mühle, grub vor ungefähr 10 Jahren der Müller am Fuße eines mit Gesträuch bedeckten Hügels, um den Weg zu erweitern; da fiel mit vieler Erde eine viereckige Masse von Eisen herunter. Sie wog 3 300 Pfund, und ward nach Trier an einen Herrn Müller, der Besitzer eines Hüttenwerks gewesen seyn soll (wo sie wahrscheinlich mag seyn verschmolzen worden), für 16 ½ Kronthaler verkauft. Vor Abführung der Masse kam ein französischer Ingenieur von Luxemburg aus, um sie zu untersuchen; der Landrath Simon begleitete ihn, und es wurden etliche Stücke mit dem Hammer heruntergeschlagen, die der Ingenieur mit sich nahm. Das Eisen war gar nicht spröde, und löste sich nur in dünnen kleinen Blättchen ab (ein Umstand, der einiger Maßen vermuthen läßt, daß es Meteor-Eisen gewesen seyn könnte). Bey späterer Untersuchung der dortigen Gegend fand der Landrath Simon, daß die auf dem Hügel gebaueten Felder in einem Umfange mehrerer Morgen mit Eisenschlacken bedeckt waren, und überzeugte sich, daß in alter Zeit dort müsse ein Hüttenwerk gestanden haben, von dem er vermuthete, daß die Masse herkommen könne. (Dieser Umstand ist freylich der Vermuthung eines meteorischen Ursprunges nicht günstig.) Da aber auf dieser Anhöhe kein fließendes Wasser anzutreffen ist, so müßte das Hüttenwerk durch Wind oder durch Thierkräfte seyn in Bewegung gesetzt worden. Nach einer andern Nachricht hat der Doctor Schmitz in Hüllesheim ein Stück davon besessen, welches aus reinem Eisen zu bestehen schien, und sich in verdünnter Salpetersäure auflöste, ohne einen Rückstand zu hinterlassen.

Kornkreise

Vor den Kornkreisen gab es die Hexenkreise – dabei handelte es sich um Kreise aus Pilzen oder pilzbefallener Vegetation, auf denen der Sage nach die Hexen am Sabbat tanzten. Bei anderen Hexenkreisen mag es sich auch um Bewuchsmarken gehandelt haben, wie sie etwa alte Gemäuer oder Hügelgräber erzeugen. Manche modernen Kornkreisforscher sehen darin frühe Vorläufer dieser Feldmarkierungen, doch werden Hexenkreise fast ausschließlich von Wiesen gemeldet, auch wächst das Gras auf ihnen entweder kümmerlich oder aber stärker als in der Umgebung, ist aber nicht niedergedrückt.

Nikolaus Gredt nennt in seinem *Sagenschatz des Luxemburger Landes* 1883 zwei Beispiele aus der Umgebung von Wormeldingen.

So sollte sich auf einem dem Winzer Math. Schmit gehörenden Acker eine Stelle befinden, »auf welcher nichts wächst oder die Pflanzen nur noch kümmerlich fortkommen.« Das sei ein Hexenkreis. Ein zweiter Hexenkreis, ebenfalls bei der luxemburgischen Moselgemeinde, lag auf dem Acker Jenkenkopp auf dem Weg nach Dreiborn:

Hier sah man noch vor wenigen Jahren in einem Kleefelde einen Kreis, der ungefähr zehn Meter im Durchmesser haben mochte. Im Kreisring selbst, der etwa einen halben Meter breit war, wuchs nichts; man sah nur den nackten Boden, der vom vielen Treten ganz zusammengestampft war. Auch als nachher das Kleefeld umgeackert wurde, blieb der Kreisring unfruchtbar und zertreten nach wie vor, wie hier die Hexen immer noch des Abends ihre Tänze hielten.

Auch weiter im Norden, im Meerfelder Maar, gab es Hexenkreise, die Matthias Zender 1935 in seinem Buch *Sagen und Geschichten aus der Westeifel* beschreibt: »Da war«, laut einem Informanten Zenders, »so ein Kreis, da ist nie Gras gewachsen, der war immer dürr. Da haben die Leute gesagt, das sei der Hexentanzplatz, da würden die Hexen tanzen.«

Kornkreise im eigentlichen Sinne tauchten an der Mosel gleichzeitig mit dem Gesamtphänomen in Deutschland auf.

Die erste Formation der Region – eigentlich drei kleine, im Dreieck angeordnete Kreise, von einem kleeblattförmigen Band umgeben (die damit dem Kopf eines Rasierapparates glichen), wurde am 31. Juli 1991 bei Glees am Laacher See entdeckt. Jeder der Kreise, in denen das Getreide im Uhrzeigersinn niedergelegt war, hatte einen Durchmesser von 5,30 Metern, der umgebende Ring eine Breite von 50 Zentimetern, wie Walter Kelch feststellte, der die Spur für die Gesellschaft zur Erforschung des UFO-Phänomens in Lüdenscheid vermaß. In der Nähe der Kreise fand Kelch einen Straßenmarkierungsbalken mit genau dieser Länge.

Der zweite und letzte Kreis in Moselnähe – eine Formation in Hantelform – wurde am 28. Juni 2005 in einem Weizenfeld bei Kalt in der Verbandsgemeinde Maifeld ent-

Kornkreise faszinieren Menschen allerorten.
Diese Formation wurden in der Schweiz fotografiert.

deckt. Der Kreis war zuvor angekündigt worden, und damit steht kaum infrage, dass er von Menschen ins Getreide gelegt wurde.

Wer mehr über das Geheimnis der Kornkreise, ihre Entstehung und ihre Erforschung erfahren möchte, dem sei ein Buch von Harald Hoos und Florian Brunner empfohlen: *Kornkreise* (2005).

Dieses Flugblatt von 1678 zeigt den Teufel, wie er das Feld eines reichen Bauern kreisförmig abmäht.

Es brodelt unter den Maaren

Dass die feuerspeienden Berge der Vulkaneifel, keine zehn Kilometer vom linken Mose-lufer entfernt, erloschen seien, das möchte man gern glauben. Schließlich sind wir ge-wohnt, dass in Deutschland alles ruhig zugeht – aber es stimmt nicht: Die Vulkane ruhen nur, und fast glaubt man, die einfachen Leute hätten das immer schon gewusst. Die Sagen munkeln von unterirdischen Gängen, die die Maare mit dem Meer oder unterein-ander verbinden, von ungeheuren Fischen, die sich dort in der Tiefe wälzen, von versun-kenen Dörfern, die nun am Grunde dieser nur scheinbar friedlichen Seen ruhen. Uner-gründlich sollen die Maare sein und seltsame Geräusche von sich geben.

Beobachtungen aus den letzten Jahrhunderten berichten von glühenden Lichtern unter Wasser, von eigentümlichen Meteoren, von grollender Erde und seltsamen Knal-len in der Luft.

Übrigens sind die Maare, anders als oft geglaubt, keine »Kraterseen« – bei Kraterseen handelt es sich um ruhende Vulkane, deren Krater sich mit Wasser gefüllt hat. Die Maare – und mehr als eines davon ist längst verlandet und kaum mehr als eine sanfte Kuhle im Boden – sind das Ergebnis gewaltiger Explosionen. Hier gerieten einmal Grundwasser und Magma aus dem Erdinnern aneinander, die Verpuffung schleuderte das Erdreich hoch und Wasser füllte die Delle. Der Laacher See ist kein Maar, sondern das, was Vulkanologen eine »Caldera« nennen, nämlich ein Vulkan, dessen Inhalt als Bims-stein ausgestoßen wurde und der dann in sich zusammensackte, bis er nur noch einen Kessel, eine Ruine seiner selbst hinterließ.

Die aktive Zeit der Eifelvulkane liegt im Übrigen noch gar nicht so lange zurück – da-mals wohnten hier längst schon Menschen. Der letzte Ausbruch des Vulkans, der den Laacher See entstehen ließ, ereignete sich vor 13 000 Jahren, das Ulmener Maar bildete

Nach wie vor aktiv ist der riesige Kessel des Laacher Sees.

sich um 8890 bis 8590 v. Chr. Das jüngste katastrophale vulkanische Ereignis der Vordereifel war die Explosion, die zur Ausformung des heute verlandeten Doppelmaars bei Boos führte, dieses wird auf ein Alter von 10 100 bis 14 160 Jahren geschätzt.

Und schließlich ist da noch das Rodder Maar bei Niederzissen (BT II). Dabei handelt es sich weder um ein Maar noch um einen Vulkankrater, sondern möglicherweise um einen Meteoritenkrater. Heute sieht der Wanderer noch einen flachen, ovalen, mit Schilf umstandenen und mit Seerosen überzogenen Teich in einer sumpfigen Senke. Sein Becken misst 350 mal 250 Meter. Ursprünglich füllte sich dieser Teich nur nach Regentagen mit Wasser, nach dem Zweiten Weltkrieg wurde das Becken trockengelegt und mit Fichten aufgeforstet. Jüngst aber ist das Rodder Maar als See renaturiert und zu einem Paradies für Wasservögel geworden.

Weil die Senke mit Lössablagerungen in einer Dicke von zehn Metern gefüllt ist und darunter zertrümmertes Devongestein liegt, sich aber keine Laven in der Nähe befinden, »ist es durchaus möglich, dass diese Senke durch den Einschlag eines Meteoriten geschaffen wurde. Es bedarf allerdings noch weiterer Untersuchungen, um das zu bestätigen«, wie Wilhelm Meyer in seinem *Geologischen Führer* zum Geo-Pfad »Vulkanpark Brohltal/Laacher See« erklärt.

Sagenhafte Maare

Von den ungeheuren Hechten von Ulmen und den Monsterfischen im Laacher See war bereits die Rede. Aber die Seen der Eifel sollen nicht nur Wundertiere beherbergen, sie selbst seien ohne Grund, so heißt es. Über das Pulvermaar schreiben J. C. F. Gutsmuths und Dr. J. A. Jacobi 1832 im ersten Band ihres Bildwerks *Deutsches Land und Deutsches Volk*, es sei »völlig kreiserund, [...] und unergründlich an manchen Stellen; ohne Abfluß, von Lava und vulkanischem Sande umgeben, eins der schönsten von Allen.«

Zu der Vorstellung von ihrer Unergründlichkeit kommt die feste Überzeugung, die Seen stünden untereinander in Verbindung: »Die große Nähe, worin sich das Weinfelder mit dem Schalkenmehrener-Maar befindet, mag wohl die unter dem Volke allgemein verbreitete, mit allen hydrostatischen Gesetzen im Widerspruch stehende Meinung veranlaßt haben, es finde zwischen diesen beiden See'n eine Communication Statt«, wie es das Fachbuch *Das Gebirge in Rheinland-Westphalen nach mineralogischem und chemischem Bezuge* 1822 ausdrückt. Bei einigen sollen die unterirdischen Wassergänge gar bis zum Meer reichen: »Die Sagen, daß das Weinfelder-Maar einigen Salzgehalt habe, und daß das Wasser im Schalkenmehrener-Maar fortwährend und abwechselnd etwas falle und steige, sind durchaus grundlos.«

In den Maaren sind ganze Dörfer versunken. Berühmt ist die Erzählung von der hartherzigen Gräfin vom Totenmaar, die J. H. Schmitz 1858 in seiner Sammlung *Sagen, Lieder, Sprüchwörter und Räthsel des Eifler Volkes* schildert:

Wo jetzt das Weinfelder Maar, da stand einst ein Schloß, welches ein Graf mit Frau, Kind und Dienerschaft bewohnte. Des Grafen Frau aber war den Armen sehr unhold und trat das Brod lieber mit Füßen, als daß sie es Hungrigen reichte. Eines Tages, es war im Winter, ritt der Graf, von einem Diener begleitet, aus; er bemerkte nicht ferne von dem Schlosse, daß ihm seine Handschuhe fehlten. Der Diener sollte daher zum Schlosse zurückkreiten und dieselben holen. Aber wie fand er da Alles verändert! – Das Schloß war verschwunden und an die Stelle, wo dasselbe gestanden, war ein Gewässer von unergründlicher Tiefe getreten. Alle, welche sich in dem Schlosse befanden, Frau und Dienerschaft, hatten ihren Untergang gefunden; nur des Grafen Kind, ein Säugling, schwamm wohlerhalten in seiner Wiege auf dem See dem Ufer zu. [...] Auch sagt man, wenn der Himmel hell sei und kein Lüftchen den Wasserspiegel des See's in Bewegung setze, könne man die Mauern des Schlosses in der Tiefe wahrnehmen. In der Kirche aber, welche am Rande dieses Gewässers einsam steht, soll noch nie eine Spinne oder ein Gewebe derselben gefunden worden sein, weil der Ort ein gar heiliger sei.

Die Sage versucht wohl die Tatsache zu deuten, dass am Ufer einsam eine große Kapelle steht, aber kein Dorf in der Nähe zu finden ist – denn das dort einst befindliche wurde im 16. Jahrhundert nach einer Pestepidemie aufgegeben, die letzte Erwähnung stammt aus dem Jahr 1512. Dass sich – einer anderen örtlichen Überlieferung zufolge – Jesu Richter Pontius Pilatus im Totenmaar ertränkt haben soll, zeugt davon, wie verlassen und unheimlich der See, heute ein Idyll für Touristen, in früheren Jahren gewirkt haben muss.

Düstere Stimmung über dem Totenmaar.

Das trifft wohl auch auf das Pulvermaar zu, jenen trichterförmigen Abgrund, der trotz Campingplatz auch heute noch auf so manchen Besucher magisch und etwas schauerlich wirkt. Dieses Maar gab gleichermaßen keine Ruhe und diente den Anrainern als eine Art Orakel: »Auch beobachtet der Landmann im Frühjahre den Wasserstand des See's, wie das auch beim ›Pulvermaar‹ der Fall ist, wo dann ein hoher Wasserstand für eine Vorbedeutung eines nicht gesegneten, ein niederer Wasserstand hingegen als eine Vorbedeutung eines gesegneten, fruchtbaren Jahres angesehen wird«, wie J. H. Schmitz weiß. Und als hätten die Menschen geahnt, dass sie in einer gefährlichen Region lebten, raunt die Legende sogar von einem Ausbruch des Pulvermaars.

An einem Tage im Frühjahre verlassen die Anwohner des Pulvermaars ihre ländlichen Wohnungen und umziehen betend und singend diesen See. Einst, so verkündet die Sage, war dieser fromme Umgang aus Lässigkeit unterblieben; da wurde das Wasser in seinem tiefen Kessel unruhig, wallte auf und begann sich zu heben mehr und mehr, so daß es drohte den umgebenden hohen Wall zu überfluthen und die Thalbewohner zu ersäufen. Ein Schäfer, der in der Nähe seine Heerde weidete, gewahrte das und nahm, da er die Ursache des erzürnten Gewässers ahnte, aber des Kreuzes und der Fahne ermangelte, vom Haupte den Hut, steckte denselben auf seinen Schäferstab und umzog betend und singend und gefolgt von seinen Schafen den tobenden See. Und sieh', dieser fing an, sich zu besänftigen, sank immer mehr und mehr, und als der fromme Hirt zur nämlichen Stelle, von welcher er ausgegangen, zurückgekehrt war, erblickte er den Wasserspiegel ruhig, wie er an Tagen sich zeigt, wo kein Lüftchen sich regt. Das aber, so schließt die Sage, geschah zur Warnung, daß nimmermehr unterbliebe, was man seit undenklichen Zeiten andächtig gepflegt.

Auch im Laacher See soll eine Burg versunken sein:

An der Stelle, wo jetzt in waldumkränztem Bergkessel der Laacher See liegt, stand in grauer Vorzeit eine stattliche Veste. Da aber ihre Bewohner ein ruchloses Leben führten, wurden sie mit der Veste von der Erde verschlungen und den tiefen Abgrund füllten Gewässer aus. Deßhalb vermag auch kein Vogel über den See zu fliegen, ohne seinen Tod zu finden.

Dass über den See kein Vogel fliegen kann, ist ein uraltes Sagenmotiv, das auch vom Avernersee bei Neapel und vom Nekromanteion, dem Totenorakel im Norden Griechenlands mit dem Fluss Acheron, erzählt wird (wo sich der Überzeugung der Römer zufolge ein Eingang ins Totenreich befand) und über das ich selbst in Schottland einen Amerikaner sprechen hörte, der dies im Brustton der Überzeugung vom Loch Ness behauptete (wo allerdings jede Menge Vögel zu sehen sind). Der Laacher See soll durch unterirdische Gänge mit dem Atlantik und dem Ulmener Maar verbunden sein. Außerdem: »Wie Andere erzählen«, so wieder J. H. Schmitz, »stand hier ein Kloster, welchem der unsittliche Wandel seiner Bewohner den Untergang brachte. Darum tönt's denn auch mitternächtlich aus dem See herauf wie Chorgesang.«

Vielleicht kommt die Idee, auch der Laacher See sei ein Eingang zur Unterwelt, von einem tiefen Schacht, den es dort früher gab. So schreibt Dr. H. Mr. Malten 1841 in seiner *Neuesten Weltkunde:*

Der Laachersee [...] soll von mehr als 3 000 Quellen genährt werden und ziemlich viele Fische enthalten. Sein Wasser hat einen unangenehmen Geschmack, eine bläuliche Farbe und ist sehr kalt. Er hat einen künstlichen Abfluß durch einen von den frühern Bewohnern des Klosters angelegten unterirdischen Kanal. Das berüchtigte Loch, nahe am Ufer des Sees auf der Seite gegen Andernach, soll dadurch einige Aehnlichkeit mit der bekannten Hundsgrotte haben, daß kein Vogel darüber fliegen kann, ohne zu ersticken. Aus näherer Untersuchung ergibt sich, daß wirklich eine schädliche Ausdünstung daraus emporsteigt, die jedoch erst in einer gewissen Tiefe bemerklich wird. Der Laachersee bedeckt sich nur äußerst selten mit Eis und tritt dieser Fall einmal ein, so geschieht es gewöhnlich gegen Ende des Winters.

Dieses Loch wurde wohl um 1850 zugeschüttet. 1852 verwenden Johann Friedrich Schannat und Georg Baersch in ihrer *Eiflia illustrata oder geographische und historische Beschreibung der Eifel* bereits die Vergangenheitsform:

Am östlichen Ufer des See's, etwa 15 Schritte von demselben entfernt, befand sich ehemals ein Loch von etwa fünf Fuß [1,5 Meter] Tiefe in der Erde (Moffette), in welchem sich kohlensaure Luft entwickelte, die die Thiere, welche in ihrem Dunstkreis kamen, tödtete.

Daraus mag denn wohl die Sage entstanden sein, daß kein Vogel über den Laacher See fliegen könne, ohne todt herab zu sinken. Diese Mofette ist aber seit dem weiteren Ablassen des See's verschwunden, eben sowie die Mineralquelle, welche sich ehemals zwischen dem See und dem Kloster, fast in der Mitte zwischen beiden befand. Auch ein großer Theil der Quellen des See's soll mineralisch sein.

Erdbeben mit Nebenwirkungen

Wenn es nach Sagen, Legenden, Traditionen und Mutmaßungen geht, so scheinen die Maare also aktiver zu sein, als wir es ahnen. Aber es sind nicht nur Sagen, die Merkwürdiges berichten. Wie viele Regionen entlang des großen Grabenbruchs des Rheins ist auch die Moselgegend eine instabile Region, die des Öfteren von Erdbeben erschüttert wird. Auffällig ist dabei die hohe Zahl von Erdbebenschilderungen, die ganz ungewöhnliche Begleiterscheinungen melden. Solche Licht-, Geräusch- und Wetterphänomene galten lange Zeit als Aberglaube, doch schenkt ihnen die Geologie jüngst wieder mehr Beachtung, weil sie von vielen Beben weltweit immer wieder berichtet werden.

Ein Beben am 28. Dezember 1829 soll von einem Knallgeräusch und Sturmwinden begleitet gewesen sein:

Nachrichten aus Koblenz zufolge wurde [...] Mittags gegen 2 Uhr daselbst, so wie auch in Neuwied und der Umgegend, ein von Norden nach Südost gehender starker Erdstoß verspürt. In Rübenach erhob sich um dieselbe Zeit plötzlich ein gewaltiger Sturm, der jedoch kaum einige Minuten dauerte, worauf ein Knall, wie aus einem groben Geschütz, und nach 6–8 Secunden ebenfalls ein starker schnell vorübergehender Erdstoß erfolgte. Bemerkenswerth ist hierbei noch, daß zwei Tage vor diesen Ereignissen in dem 3/4 Stunde von Koblenz und ¼ Stunde von Rübenach entfernten Orte Bubenheim plötzlich die Brunnen versiegten.

Auch das Erdbeben vom 17. Dezember 1834 wurde von allerhand Anomalien – Sturmwind, Barometerfall, Lichterscheinungen – begleitet, die nicht in die Vorstellung passen, die sich Geologen von Erdstößen machen:

Erdbeben zu Koblenz und in der Umgegend. In der Nacht vom 16. zum 17. December stürmte es heftig; nachdem aber gegen Morgen die Luft etwas ruhig geworden war, wurde bald nach 6 Uhr in Koblenz und mehreren Nachbarorten ein doppelter Erdstoß verspürt, welcher jedoch nicht so heftig war, einen Schaden anzurichten; am stärksten soll die Erderschütterung zu Niedermendig im Kr. Mayen gewesen seyn, welches in der Mitte der erloschenen Vulkane der Vordereifel liegt, und hat sich überhaupt, so weit die bis jetzt eingelaufenen Nachrichten reichen, die für die hiesige Gegend ungewöhnliche Erscheinung nicht weit über die Grenzen der vulkanischen Gebirgsformation ausgedehnt, welches anzudeuten scheint, daß diese nicht ohne Einfluß darauf gewesen sey.

So laut eine Meldung der Zeitung *Rheinische Provincial-Blätter für alle Stände* aus dem Jahr 1835.

Das Beben reichte weit. Die *Oekonomischen Neuigkeiten und Verhandlungen. Zeitschrift für alle Zweige der Land- und Hauswirthschaft, des Forst- und Jagdwesens im Oesterreichischen Kaiserthum* schreiben im Jahresband 1836:

Das am 17. Dezember Morgens um 4 Uhr zu Vallendar und Winningen ziemlich starke, später (vor 6 Uhr) und schwächer dann auch zu Koblenz verspürte Erdbeben war zu Würzburg, wo die Witterung gar nichts Ungewöhnliches darbot, durch einen plötzlich starken Barometerfall (von 27"10'«,7 am 16. Abends bis auf 27«4«',2 am 17. Mittags) angedeutet.

Lichterscheinungen, sogenannte Erdbebenlichter, deren Existenz heute anerkannt ist, über deren Wirkmechanismus man aber noch wenig weiß, traten ebenfalls auf:

Im Jahre 1834 gab es folgende Erdbeben – [...] am 17. [Dezember] zu Vallendar, Winningen und Coblenz. Ferner beobachtete man viele Nordlichter und andere Feuermeteore. [...] Durch die vielen und weit verbreiteten Erderschütterungen erfolgte eine reichlichere Aushauchung der Erdgase, welche sich auch theils als Nordlichter, theils in andern Lufterscheinungen kund gaben. Da aber die der Erde entweichenden Gase meist zu den Giftgasen gehören, so mußten auch die in die Blutmasse aufgenommenen zu deren Verschlechterung, mithin auch zur Hervorrufung besonderer Krankheitsformen beitragen, welche sich jederzeit theils durch alienirte, theils durch gesunkene Nerventhätigkeit aussprachen. (Martin Geigel: *Untersuchungen über Entstehung des Krankheitsgenius, dessen einzelne Formen und Gesetzgebung für ärztliches Handeln: namentlich in Bezug auf die Jetztzeit*, 1840)

Über ein Beben um Koblenz in der Nacht vom 24. auf den 25. Januar 1840 wird nichts Ungewöhnliches berichtet, außer dass der Pfarrer von Niedermendig »aus dem Schlafe geweckt« wurde, als das ganze Pfarrhaus zitterte.
Am 22. März 1841 bebte es erneut um Koblenz:

> 1841, März 22, Erdbeben an der Mosel und Lahn, in Koblenz, im Nassauischen, wie z. B. in Kamp; es bestand aus drei Stößen, die sich durch Klirren der Fenster, Zittern der Möbel u s. w. fühlbar machten. (J. Boegner: *Das Erdbeben und seine Erscheinungen*, 1847)

Ein Licht zeigte sich bei Brohl. So meldete das *Year-book of Facts in Science and Art* 1842:

> Ein Erdstoß wurde bei Koblenz gespürt, der von einem lauten Geräusch begleitet war und sich von Nordosten nach Südwesten bewegte. Er wurde auch an der Lahn und an der Mosel bemerkt. Ein bläulicher Meteor wurde in der vorhergehenden Nacht über den Vulkanbergen bei Brohl gesehen, und in derselben Nacht sah man über Troyes in Frankreich eine Feuerkugel von ungewöhnlicher Größe.

Diesen Meteor meinen wohl auch die *Monatsberichte über die Verhandlungen der Gesellschaft für Erdkunde zu Berlin,* die 1846 über das Beben vom März 1841 angeben: »Einige Leute wollen um 11 ½ Uhr Nachts vorher, eine halbe Stunde südwestlich von Andernach, eine feurige Kugel, etwa einen Fuß im Durchmesser, in der Luft gesehen haben.«
Wie die Zeitung *Der Adler* am 21. Oktober 1841 berichtete, gab es in diesem Jahr am 14. Oktober ein weiteres Beben, das aber artig war und keine ungewöhnlichen Erscheinungen hervorbrachte.
Dafür klingt umso geheimnisvoller, was sich fünf Jahre später ereignete und dem Buch des Naturforschers Jakob Nöggerath *Erdbeben vom 29. Juli 1846 im Rheingebiet und den benachbarten Ländern* den Titel gab:

Coblenz und Trier. Gleich nach dem Erdbeben blitzähnliche Erscheinungen am Horizont; in einem dritten Bericht aus Trier heisst es: ein durch die Luft gefahrenes blitzähnliches Feuer. Noch ein anderer Bericht aus Coblenz erwähnt eine phosphorescirende Helligkeit, welche sich auf dem Rheine gezeigt habe.

Das muss eine andere Art Rhein in Flammen gewesen sein als die, die man heute feiert. Die Dichte dieser Berichte über unheimliche und unerklärliche Erdbebenphänomene zeigt, dass an der Mündung der Mosel noch keine Ruhe herrscht und dass Erdstöße in der Region leicht seltsamer ausfallen als anderswo.

Die Vulkane brechen aus …

Nicht jede Meldung eines potenziellen Vulkanausbruchs darf man allerdings ganz ernst nehmen. Als die *Eifel-Zeitung* am 30. März 2016 titelte »Meerfelder Maar läuft leer«, da ahnte vielleicht mancher Leser schon etwas.

Ein kräftiges Beben habe die Bewohner von Meerfelden aus dem Schlaf gerissen. Am Morgen danach habe man dann festgestellt, dass der Spiegel des Meerfelder Maares kontinuierlich sinke. Ein herbeigerufener Geologe, Dr. Martin Koziol vom Maarmuseum Manderscheid, sei in die Tiefen des Gewässers vorgedrungen. Und am Maargrund hätten sich »zwei Erdplatten derart verschoben, dass ein kleiner Spalt entstanden ist, durch welchen das Wasser versickert«. Experten wollten nun den Riss im Seeboden abdichten. Wer noch einen Tag abwartete … erwachte am 1. April!

»Aufatmen rund um das Meerfelder Maar: Der Kratersee ist nicht leck«, lauteten dann auch die Schlagzeilen am nächsten Tag, zum Beispiel im *Trierer Volksfreund*.

Der Scherz hat einen realen Hintergrund – der Boden in der Vulkaneifel ist tatsächlich leck und gibt nach wie vor vulkanische Gase ab. Besonders schön zu sehen ist das an vielen Stellen im Laacher See, an den sogenannten Mofetten, Gasblasen, die aus dem Waser kommen, sodass der See an dieser Stelle wirkt, als enthalte er Mineralwasser – aber kein stilles! Auch das bereits erwähnte Loch am Ostufer des Sees setzte solche Gase frei.

Jakob Nöggerath beschreibt dies 1870 in *Der Laacher See und seine vulkanischen Umgebungen*:

An anderen Stellen des Sees hat man unfern der Ufer Torf angetroffen, welcher an einer Lokalität die ganz ungewöhnliche Mächtigkeit von 17 Fuß besitzt. Der Torf wird jetzt von den Bewohnern der klösterlichen Gebäude, den Jesuiten, zur Feuerung gewonnen. In ihm ist an einer Stelle eine sehr starke Entwickelung von kohlensaurem Gas erkannt worden, eine Moffette, wie man solche Gas-Exhalationen in den vulkanischen Gegenden Italiens nennt. Offenbar hat sie ihren Ursprung nicht im Torfe selbst, sondern in der darunter liegenden Gebirgsart [...]. Die Jesuiten haben einen ausgenommenen Raum an dieser Stelle im Torfe mit Steinmauern umsetzen lassen, und in ihm finden sich von Zeit zu Zeit todte Vögel und andere kleine Thiere, welche von dem kohlensauren Gas erstickt worden sind. Diese Stelle ist erst in neuerer Zeit von den Jesuiten aufgefunden worden. Eine andere Moffette war von lange her an der Südwestseite des Sees in geringer Höhe über dem Spiegel und unfern des Weges bekannt, welcher um den See führt. Hier findet die Gasentwickelung in einer kleinen, wenig tiefen Grube statt. Das Gas strömte früher sehr stark aus dem Boden, man konnte den Mund in dieser Grube nicht bis auf den Boden hinabneigen, ohne Gefahr zu laufen, erstickt zu werden. Der Verfasser hat vor mehreren Decennien selbst einige Male diesen Versuch gemacht und zugleich vielerlei erstickte kleine Säugethiere, nämlich Eichhörnchen, Hasselmäuse etc., und Vögel, dann Frösche und Insekten in der Grube gefunden. Seit der Erniedrigung des Seespiegels haben die Exhalationen an dieser Stelle abgenommen, sie sind nur noch temporär und schwach. Wahrscheinlich haben sie sich bei vermindertem Wasserdruck anderwärts Bahn gebrochen. Die Volkssage, daß kein Vogel über den Laacher See fliegen könne, ohne zu ersticken, hat in der übertriebenen Ausschmückung der erwähnten Thatsachen ihren Ursprung. Natürlich steht auch der Kohlensäuregehalt der Quellen im See selbst in Beziehung zu jenen stärkeren Gasausströmungen, deren wohl noch manche an unbekannten Punkten im Walde der See-Umgebungen bestehen mögen. Beim Beschiffen des Sees erkennt man die Stellen der Quellen an den zahlreich aufsteigenden Blasen von Kohlensäuregas.

Kohlensäure sorgt auch für zwei weitere vulkanische Naturwunder der Osteifel: den weltgrößten Kaltwassergeysir bei Andernach und den Brubbel von Wallenborn, einen zweiten Geysir. Die Eifel ist also auch Geysirland.

Einer von zwei Geysiren der Moselgegend: der Brubbel von Wallenborn.

Lichter und Knalle über den Maaren

Wenn bei Erdbeben der Rhein phosphoreszierend aufleuchtet und Feuerkugeln nahe am Laacher See schweben, ist es da schon zu geheimnisvollen Lichterscheinungen in den Maaren der Eifel gekommen?

Ein Roman des lokalen Autors Richard Wenz, *Das Irrlicht auf dem Eifelmaar*, 1941 in Köln erschienen, spielt am Totenmaar, doch war über den Inhalt kaum etwas in Erfahrung zu bringen.

Und auch wenn das Totenmaar unseren Vorfahren unheimlich war, so gibt es von dort keine Geschichten um Totenkerzen und huschende Geister wie von anderen Seen.

Einzig von einem Maar bei Koosbüsch nahe Bitburg, also doch bereits 25 Kilometer westlich der Mosel, in der Flur Hanzelt gelegen, erzählten die Anrainer, dass dort abends ein Irrlicht erscheine, das sie das »Traulicht« nannten, wie Josef Steinhausen 1936 in seinem Werk *Archäologische Siedlungskunde des Trierer Lands* berichtet. »[A]us dem gleichen Maar, heißt es, stammen die Kinder«, fügen die *Bonner Jahrbücher* 1948 hinzu.

Trotz einiger moderner Augenzeugenberichte über fliegende Untertassen und seltsame Lichter aus der Umgebung der Mosel hat noch niemand ein UFO gemeldet, das aus einem Maar aufgestiegen oder in es hineingetaucht sein soll.

Damit wären wir auch schon fast am Ende der wirklichen, möglichen und sagenhaften vulkanischen Aktivitäten in Moselnähe. Es bleibt nur noch ein Aspekt zu nennen: der der mysteriösen Knalle, die über manchen Maaren gemeldet worden sein sollen. Zeitungsquellen dafür liegen mir nicht vor, doch eine aus der Eifel stammende Studienkollegin erzählte mir, über den Vulkanseen seien geheimnisvolle laute Knalle, wie die eines Düsenjägers, der die Schallmauer durchbricht, an heißen Sommertagen nichts Ungewöhnliches. Schon bei den Berichten über die Erdbeben um Koblenz wurde ja ein Knall in der Luft mit einem Kanonenschuss verglichen.

Dass das, auch wenn es in der Fachliteratur keine Erwähnung findet, in der Eifel erzählt wird, belegt der Kriminalroman *Die Tote im Maar* von Ina May, in dem eine Explosion mit lautem Getöse in einem Maar eine Rolle spielt und die Anwohner Angst bekommen vor einem Ausbruch des Sees. (Es handelt sich aber nur um eine Sprengung ...).

Die Eifelvulkane, die nach Meinung der Geologen lediglich ruhen und noch lange nicht erloschen sind, könnten tatsächlich aktiver sein, als manche denken ...

# Register

 # Bildnachweis

EBENFALLS IM PROGRAMM DES REGIONALIA VERLAGES

Die Rebe ist ein Sonnenkind –
sie liebt den Berg und hasst den Wind.

Das Mosel Kochbuch

128 Seiten
Hardcover
Format: 16,5 × 19,8 cm
4. Auflage
ISBN 978-3-939722-34-2
€ 4,95

»Die Rebe ist ein Sonnenkind ...« – das könnte man ausrufen, wenn man durch die Weinberge an der Mosel streift. Aber nicht nur der Wein erfreut den Moselbesucher. Auch die spezielle Moselland-Küche ist die reine Gaumenfreude. Dieses Buch beinhaltet eine Sammlung der beliebtesten Rezepte aus dem Moselland, von einfachen Gerichten für jeden Tag bis hin zu Speisen für Feiertage, von der »Marmittchesoop« bis zum »Döppenlappes«, von der »Lachsforelle in Rieslingsoße« bis zum »Zandergulasch« und von der »Weintrauben-Torte« bis zu »gebackenen Quitten«.

Über 65 Rezepte in einer exklusiven Zusammenstellung – jedes Gericht leicht zuzubereiten und äußerst lecker. *Das Mosel Kochbuch* – ein schönes Erlebnis.

Die Eifel – schön, weit und geheimnisumwittert

Christiane Flock
Sagen und Legenden aus der Eifel

160 Seiten
Hardcover
Format: 16,5 × 19,8 cm
6. Auflage
ISBN 978-3-939722-29-8
€ 7,95

Lesen Sie hier, wie der Graf von Gerolstein bekehrt wurde, lernen Sie die tapfere Agnes von Eltz und den unerschrockenen Mahlhannes aus Münstereifel kennen, nehmen Sie teil am Schicksal der Genoveva oder der Gefangenen von Burg Are, staunen Sie über den Raubritter am Laacher See und die Umtriebe des leibhaftigen Teufels an Ahr und Rur.

Dies Buch vereint 26 bedeutende Sagen und Legenden aus allen Eifel-Regionen, von Bauler in der Südeifel bis Bad Neuenahr in der Ahreifel, von Mayen in der Osteifel bis Aachen.

»Spannend, handlich, jede Menge Lektüre« (*Trierischer Volksfreund*)